Ich wünschte, es gäbe für die Dating-Apps

einen Trailer:

dann wüsste ich wenigstens,

worauf ich mich einlasse!

Heike Führ

# Gefangen im Dating-Dschungel
# Der Tanz um Verbindlichkeiten
## Das etwas andere Buch
### Erfahrungen, Kurioses und Tipps

> **Gefangen im Dating-Dschungel**<

© 2025 Heike Führ

Originalausgabe August 2015

Verlag:

BoD · Books on Demand GmbH, Überseering 33, 22297 Hamburg,

bod@bod.de

Druck:

Libri Plureos GmbH, Friedensallee 273, 22763 Hamburg

ISBN: **978-3-7693-6760-7**

© 2025 Satz, Layout: Heike Führ

Cover-Foto:


https://pixabay.com/photos/love-connection-phone-mobile-4888774/
und KI

ISBN: **978-3-7693-6760-7**


Bibliografische Information der Deutschen Nationalbibliothek: Die Deutsche Nationalbibliothek verzeichnet diese Publikation in der Deutschen Nationalbibliografie; detaillierte bibliografische Daten sind im Internet über http://dnb.de abrufbar. Printed in Germany

# INHALTSVERZEICHNIS

Der Begriff „Dating-Dschungel" ist eine herrliche Metapher, die die oft un-übersichtliche, herausfordernde und manchmal auch frustrierende Welt des modernen (Online)-Datings beschreibt.

Stelle es Dir wirklich einfach wie einen Dschungel vor: Es gibt unzählige Möglichkeiten, da so viele Dating-Apps, Websites, Veranstaltungen und Möglichkeiten angeboten werden, um Menschen kennenzulernen, dass es überwältigend sein kann, den richtigen Weg zu finden.

Diese enorme Vielfalt und Unvorhersehbarkeit zeigen auf, dass man auf die unterschiedlichsten „Typen" von Menschen treffen kann, die ganz unterschiedliche Absichten und Erwartungen haben können.

Manche sind auf der Suche nach einer ernsthaften Beziehung, andere nach etwas Lockeren, wieder andere haben ganz andere Ziele.

Es lauern Hindernisse und Gefahren, denn es gibt unter den Datenden die sogenannten „Raubtiere"! Dies sind Menschen mit unehrlichen Absichten (z.b. Ghosting, Catfishing, Lügen). Dann gibt es noch „verirrte Pfade" – Dates, die nirgendwohin führen oder Zeitverschwendung sind.

Und manchmal fühlt es sich an, als müsste man sich ständig beweisen und von der besten Seite zeigen, um in dieser „Wildnis", diesem Dschungel, einen Partner zu finden. Außerdem ist jeder gleichzeitig auf den Plattformen auf der Suche nach einem passenden Partner und somit können die Konkurrenz und der Druck enorm groß sein.

Aber was macht nun das moderne Dating zum „Dschungel"?

Online-Dating: Obwohl es viele Vorteile bietet, können die riesige Anzahl an Profilen und die Oberflächlichkeit mancher Interaktionen sehr entmutigend sein. Es erfordert viel Zeit und Energie, Profile zu erstellen, Nachrichten zu schreiben und Dates zu arrangieren, oft mit ungewissem Ausgang.

Außerdem ist es nicht immer einfach herauszufinden, was die andere Person wirklich sucht. „Situationships" (beziehungslos-verbindliche Beziehungen, die zwischen einer normalen Partnerschaft und einer Affaire liegen) und unverbindliches Dating sind verbreitet und können zu Verwirrung und Herzschmerz führen.

Ghosting und Desinteresse sind leider keine Seltenheit mehr: Das plötzliche Abbrechen des Kontakts ohne Erklärung ist oft eine gängige Erfahrung und kann sehr verletzend sein.

Und dann gibt es noch das Dating-Burnout: Die ständige Suche, Ablehnung und das Gefühl, sich immer wieder neu präsentieren zu müssen, kann zu Erschöpfung und Frustration führen.

## Gefangen im Dating-Dschungel

Liebe LeserInnen,

dieses Buch entstand aus einer tiefen Dating-Frustration heraus und mit all meinen Erlebnissen in verschiedenen Dating-Portalen!

Wie alle meine Bücher soll es Menschen helfen, die auch komische, merkwürdige oder auch wirklich schlechte Erfahrungen gemacht haben!

Schon während meiner Anfangszeit beim Online-Daten kam mir immer der Spruch über die Lippen: „Dazu könnte ich ein Buch schreiben!“, aber es fehlte mir der Schwung und auch noch einige Erfahrungen. Nun nach einigen Jahren des Datens (immer mit Pausen) und um viele viele Erlebnissen reicher, bringe ich meine Erfahrungen und Gedanken aufs Papier und schreibe wie gewohnt auch immer mit einem schmunzelnden Auge! ☺

Denn wenn ich eins gelernt habe während dieser Zeit, dann ist es, die Dinge bloß nicht zu ernst zu nehmen, da man/frau sonst wirklich irgendwann leiden könnte.

Was ich auch gelernt habe ist, dass man ein sehr großes Selbstvertrauen und ein gutes Maß an Selbstbewusstsein braucht, um in diesem Dating-Dschungel einigermaßen gut zu überleben.

Denn das, was man alles erlebt, kann einen in den Grundmauern erschüttern, zu Selbstzweifeln und Komplexen führen.

Da ich zum Glück sehr gute Freunde habe, die mir immer wieder sagten, dass ich völlig ok sei und bitte nicht an mir zweifeln solle, habe ich das alles gut überstanden, aber einige Blessuren sind geblieben und ich bin nun wirklich reicher an abstrusen Erfahrungen mit den unterschiedlichsten Menschen.

Ich blickte in tiefe Abgründe menschlicher Natur, erlebte Betrug, Fake und Lügen, aber auch anständige Dating-Partner, mit denen ich aber keine Beziehung führen konnte, da der sogenannte „Funke" nie übergesprungen ist.

Also alles, was die Menschheit so bietet, kann man auf Dating-Portalen finden - von angenehm bis wirklich abartig!

Ich danke hier schonmal all Jenen, denen ich in Ruhe und Frieden begegnen durfte: Ihr habt meine Welt nicht erschüttert, sondern es hat aus verschiedenen Gründen einfach nicht gepasst.

Ich habe aber auch Menschen kennengelernt, auf die ich sehr sehr gerne verzichtet hätte! Männer, die mein Leben nicht bunter, sondern trauriger gemacht haben und wie ein Tornado durch mein Leben gestürmt sind, ungeachtet dessen, welche Schäden sie hinterlassen haben.

Ich habe Männer mit schweren psychischen Störungen (von Psychosen, Narzissmus oder Borderline und noch einigem anderen Absonderlichkeiten) kennengelernt und mich oft gefragt, warum ich nicht schon zu Beginn auf mein Bauchgefühl gehört habe und dadurch leider auch so einiges mitmachen musste...

Ich habe Lebenseinstellungen erlebt, die mich definitiv nicht bereichert haben!!!!

Ich habe soooo viel erlebt, dass es tatsächlich für ein kleines Buch ausreicht! ☺

Ich habe Verwerfliches erlebt, bin auf Lügengespinste hereingefallen, wurde gestalkt (zum Glück nur kurz) und habe mich selbst neu kennengelernt – nicht immer schön, denn ich wurde in Situationen gebracht, die mich überforderten und ich auch einmal ausrastete, indem ich mein Gegenüber so anschrie, wie ich in meinem ganzen Leben noch niemand jemals angebrüllt hatte. Man lernt neue Seiten an sich kennen und kann dies zur Reflektion nutzen und als Chance der Veränderung ansehen.

Man erlebt sich auch in all den Tiefen, der Verzweiflung und Wut oder Ohnmacht.

Ich bin seit 2020 Witwe meines geliebten Seelenpartners und wurde 20 Jahre zuvor von meinem ersten Mann, mit dem ich 23 Jahre zusammen war, „glücklich" geschieden. Das heißt, ich war nach dem Tod meines Mannes sehr unfreiwillig Single und hatte obendrein noch mit Trauer zu kämpfen.

Als ich mich bereit fühlte, startete ich frohgesinnt mit dem Online-Daten und mittlerweile sind es **gut vier** lange Jahre über die ich berichten kann (mit Unterbrechungen).

Da ich einen großen und sehr unterschiedlichen Freundeskreis habe und noch dazu als Bloggerin und Referentin viel mitbekomme, habe ich festgestellt, dass es mit dem Daten **nicht nur mir so geht.**

Und ich möchte auch nicht schlecht über „die Männer" reden, denn ich weiß von vielen Männern, dass sie das Gleiche auch mit Frauen erleben. Vielleicht gibt es en paar geschlechtsspezifische Unterschiede, aber beide Seiten geben sich da wohl nicht viel und erleben im Großen und Ganzen die gleichen Dinge, die gleichen Emotionen und machen ähnliche Erfahrungen.

Deshalb ist dieses Buch auch kein „Frauenbuch", sondern ebenfalls für Männer interessant. Da ich aber aus eigener Erfahrung schreibe, fühlt es sich vielleicht so an, als ob die Männer schlechter dabei wegkämen - dafür entschuldige ich mich schon jetzt. Da ich aber nur Männer date, kann ich auch nur darüber berichten! ☺

Übrigens: aufs Gendern verzichte ich im Buch, da ich flüssig schreiben möchte….

Ich habe für dieses Buch auch unzählig viele Menschen (Männer **und** Frauen) interviewt und stelle einen Teil davon hier ebenfalls ein.

**Wichtig ist mir, dass sich die Leserin, der Leser, hier wiederfinden kann und sich im Dating-Dschungel nicht so alleine fühlt.**

Denn das wurde mir bei allen Interviews klar: Das Daten, das nicht zum Ziel führt, macht etwas mit diesen Menschen und nicht wenige zweifeln an sich.

Damit dieses Zweifeln aufhört schreibe ich dieses Buch. Wir alle sind ok und wenn wir auf sehr eigenwillige und/oder gestörte Persönlichkeiten treffen, dürfen wir dieses Problem gerne bei diesen Menschen lassen und es uns nicht hinzuholen.

Niemand ist frei von Fehlern oder Eigenarten – auch wir selbst nicht. Aber es muss einfach passen, wenn man auf ein Gegenüber trifft. Nicht nur beim Daten!

Gut ist, wenn man/frau genau weiß, was man/sie will und auch, was man nicht will.

Trotzdem können wir scheitern oder einfach nicht das finden, nach dem wir suchen.

Ich habe in einem Profil gelesen, dass „er" seine Erwartungen heruntergeschraubt hätte, weil ja hier nur „Mist" zu finden wäre. Dieser Mann schickte mir ein Herzchen und ich fragte ihn dann, ob ich einer seiner heruntergeschraubten Vorstellungen entspräche.... Ich bekam keine Antwort! ☺

Ich werde in diesem Büchlein von vielen Erfahrungen und Erlebnissen vieler Menschen berichten (inklusiv meiner eigenen) und teile es in bestimmte Bereiche ein, greife auch psychologisch geprägte Themen auf und benutze die einfache freundlich zugewandte und beim Daten übliche Anrede „Du"! ☺

Ich wünsche Dir viel Lesevergnügen, Wiedererkennen und Aufmunterung!

Herzlichst,

Heike Führ

**Zwei Anmerkungen:**

- Ich bin seit 1994 an Multiple Sklerose (MS) erkrankt und da dies nicht unerheblich ist, wird es auch ein Kapitel geben, in dem ich Daten mit „Handicap" aufgreife.

- Und natürlich bin ich ebenso wenig fehlerfrei wie andere Menschen und drücke in den folgenden Kapiteln nur meine Erfahrung aus. Es geht mir definitiv nicht um das Bewerten – jeder Mensch hat seine Daseinsberechtigung, aber ich begegnete wirklich merkwürdigen Männern und das war teilweise extrem heftig und so beschreibe ich es auch. Aber ohne mich als „Gutmensch" zu betrachten!

Zur Einführung ein Text, den ich auf meinem Blog veröffentlichte und der alle Themen grob anspricht:

# Single, Online-Dating und MS!

**Wahrheiten?**
**Wollt Ihr das?** ☺
Ich habe lange überlegt, ob ich darüber berichten soll oder nicht….
**Ein pikantes Thema!!!**

**Pikant?**

**Yes:**
1. Nicht gewählter Single-Status ist doof!

2. Online-Dating: darüber könnte ich mehre Bücher gleichzeitig füllen und würde mich den Angeboten betroffener Singles, die sich gerne alle interviewen lassen würden, gar nicht mehr hinterherkommen! ☺

3. MS! Diese zwei Buchstaben. Diese Buchstaben, die das Leben eines Menschen von jetzt auf gleich auf den Kopf stellen! Und mit MS daten….

**Pikant? JA!**

Aber lasst mich eins vorwegnehmen: ich hatte zum Glück noch nie ein Problem, wenn ich (übrigens immer beim ersten Date!) von meiner MS erzählte.

Aber eins nach dem anderen.

## Zu meiner Geschichte:
1985 verheiratet, zwei Kinder.
1994 MS, milder Verlauf!!!
2003 glücklich geschieden.
2007 glücklich verheiratet.
2020 traurig verwitwet.

Es bleibt mir unser Seelenhund Smiley und auch dieser süße Fratz könnte Bücher schreiben! ☺
Gut, zwei <u>Kinderbücher</u> hat er bereits geschrieben! ☺
Was er so alles mitbekommen hat, meine Hochs und Tiefs, meine Verzweiflung, Wut, Fassungslosigkeit und Trauer und auch meine tiefste Freude, Liebe, Genuss und Sonnenschein. ☺

## Zurück zum Single-Dasein:
Zwei Mal war ich also MIT MS Single vor den beiden großen Partnerschaften. (Und zigmal danach).

2 x unkompliziert und mein verstorbener Mann machte mir sogar mitten in einem Schub einen Heiratsantrag. ☺ Das hat mir immer viel bedeutet, weil es so viel aussagt! ❤

Auch mein erster Mann lief nicht davon, sondern unsere kompletten Familien kümmerten sich um mich und uns alle! Dankbarkeit!

Liebe ist etwas Schönes, wenn man sie erfahren darf und geben kann!

Zum zweiten Mal in meiner MS-Karriere wurde ich also Single und dies sehr sehr unfreiwillig! 😨

Natürlich habe ich in der ersten Zeit nach dem Todmeines Mannes überhaupt nicht an eine neue Beziehung gedacht, aber irgendwann kam dieses vertraute Gefühl in mir hoch: ich möchte nicht mehr alleine sein, auch wenn ich sehr gerne alleine bin (besonders Zuhause). Aber mein Leben wollte ich teilen. Teilen mit einem Mann, der ebenfalls den Wunsch nach Bindung verspürt...

Und hier fängt schon ein Problem an: **Wunsch nach Ver-Bindung!**

Viele Männer wollten nur eine sexuelle Verbindung, unverbindlich und frei.

Passt nicht zu mir. Punkt!

Andere brachten dermaßen große Altlasten (unbearbeitet) mit, dass meine MS ein Winzling dagegen war.

Wieder andere suchten eine Pflegerin oder eine Mutter. Passt nicht zu mir. Punkt!

Psychisch wirklich tiefgreifend gestörte Menschen oder auch ganz banal: wir passten einfach nicht zusammen. All das erlebte ich – unfreiwillig.


### MS und Single

Aber eins muss ich allen Männern, die ich kennenlernte lassen: die MS, meine MS, hat sie nie abgeschreckt.

Auch dass ich einen Hund habe (mittlerweile sogar betagt und er braucht deshalb große Aufmerksamkeit), war niemals ein Problem. Aber auch das hilft nicht, wenn es nicht funkt oder andere Schwierigkeiten einer für mich sinnvollen Beziehung im Wege stehen…


### Wann sage ich, dass ich MS habe?

DAS ist die riesengroße Frage, aber für mich war sie schnell geklärt: Ich bin ein Gefühlsmensch, sehr empathisch und sensibel. Deshalb stand für mich fest: beim ersten Date, spätestens wenn nach meinem Beruf gefragt wird, „oute" ich mich.

Denn: hier hat das Gegenüber die faire Möglichkeit sich „aus der Affaire zu ziehen", ohne dass es großer Worte bedarf. Das erste Treffen ist sowieso ein Kennenlernen und Beschnuppern.

Und ich konnte dann jeweils das Thema abhaken: erklärt, erläutert, ehrlich und authentisch: nun kann ich mich auf das Date und den dahintersteckenden Menschen konzentrieren.

Meist war es dann so, dass - da ich das angeboten habe - im Laufe der Zeit viele Fragen aufkamen, die ich natürlich gerne beantwortete, oder auch mal auf meinen Blog oder meine Bücher verwies. Das hat einigermaßen geklappt - beim einen besser, beim anderen schlechter bis allerdings auch gar nicht!

Es ist so unfassbar, was man für Erfahrungen sammelt und welches Bild leider manche Menschen verkörpern.

Allerdings habe ich in etlichen Gesprächen auch schon herausgehört, dass es den Männern beim Daten nicht anders geht als den Frauen: gefakte, falsche oder uralte Profilbilder, die Größe, Alter und Beruf stimmen nicht und so weiter.

**Was das soll, frage ich mich schon immer. Denn spätestens beim ersten Treffen fliegt doch eh alles auf!**

So hatte ich jetzt schon zwei Mal ein Date mit einem vermeintlich flotten junggebliebenen Mann ausgemacht und es erwartete mich ein jeweils alternder, einmal sogar fast seniler Mann!

Ein 63-Jähriger, der sich für 57 ausgibt. Ein Mitte-60-Jähriger, der ein Foto von vor 15 Jahren als Profilbild hatte und wirklich, glaubt mir: nicht nur die Haarfarbe hat sich verändert! Es saßen mir quasi völlig fremde Menschen gegenüber, deren Stimme ich vom Telefonieren schon kannte und die mir vertraut war, aber sie passte nicht mehr zu dem dort sitzenden Mann im Verhältnis zu seinem Profilbild.

Dass mal locker 30 Kilo mehr auf den Hüften sitzen, muss man ja nicht erwähnen. ☺ Auch nicht, dass das einst volle dunkle Haare nun mehr als licht – oder gar nicht mehr vorhanden ist. Dass der ach so sportliche Typ nun kaum noch laufen kann....

**Alles völlig ok, wenn man sich ehrlich, echt und authentisch beschreibt.**

Ich bin chronisch krank, habe auch ein paar Kilos zu viel und einige Falten ergattert und bin körperlich beeinträchtigt. Aber ich stelle mich doch nicht als supersportliche junge Frau dar! Warum auch? Das bin ich gar nicht und ich möchte mein Gegenüber weder beschwindeln noch täuschen.

Ein Mann stellte sich als ZEHN Jahre älter heraus, als das Alter, das er angab. Das Date beendete ich ganz schnell, denn das fand ich dreist und mit solch einem nicht wahrheitsliebenden Menschen möchte ich nichts zu tun haben.

**Wo bleibt das gute alte Vertrauen? Die Echtheit? Das wahre Miteinander?**

Wohin sind Anstand, Ehrlichkeit und Bescheidenheit geflogen? Was ist passiert, dass es mittleerweile scheinbar im Internet nur noch um „schneller, jünger, besser, reicher" geht?

**Mich macht das unendlich traurig!**

**Wo sind die wahren Werte geblieben?**

Und manchmal datet man jemanden und erkennt ihn (sehr selten) auf Anhieb! Wow, er hat echte reale Fotos auf seinem Profil! KRASS!!! ☺

Und leise keimt Hoffnung auf Normalität auf…

Wie lange kann man als nicht selbstgewählter Single noch diese Hoffnung aufbringen, halten und immer wieder hervorholen??? Wie oft und wie lange noch???

Wie oft will und kann man sich noch verabreden und jedes Mal aufs Neue eine gewisse Aufregung und Hoffnung verspüren um dann wieder und wieder enttäuscht zu werden?

Ich bin ehrlich: ich hatte einige Dates mittlerweile: manche habe ich schon nach dem ersten Treffen beendet, andere nach kurzer Zeit, andere nach drei oder mehreren Wochen…. Und jedes Mal wieder lässt man sich auf jemanden ein, erzählt von sich und muss genau aufpassen, was und wieviel man preisgibt.

Jedes Mal aufs Neue vorm Spiegel stehen, sich herausputzen und ZUSÄTZLICH noch **hoffen, dass die MS an diesem Tag des Dates Ruhe gibt,** in dem Moment des Treffens nicht vorlaut hervorprescht oder unnötige Kapriolen spielt. Das kostet Nerven – und nicht wenige! Das zehrt an den Nerven, es nimmt Dir die Lust auf das nächste Date.

Zusammenfassend lässt sich sagen, dass der **„Dating-Dschungel"** die komplexe und oft mühsame Natur der modernen Partnersuche beschreibt. Mit den richtigen Strategien und einer gesunden Einstellung kannst Du Dich jedoch in dieser „Wildnis" zurechtfinden und vielleicht sogar Deinen „Traumpartner" entdecken.

# Das Dating-Profil

Jeder Suchende gibt (je nach Art des Portals) Bilder und Infos von sich preis, sowie sein Alter, Größe, Beruf, Statur und so weiter. Dann gibt es noch Fragen, die man beantworten kann und man erstellt auch einen individuellen Text, wenn man mag.

Klar ist für mich: Wenn jemand eine sportliche Frau sucht, bin ich raus. Dieses Profil klicke ich gar nicht erst an. **Meine MS limitiert mich und zwar gehörig.**

Ich kann keine weiten Strecken mehr mit dem Auto fahren – das heißt, der neue Mann sollte im nahen Umfeld leben.

Ich kann keine Wanderungen mehr machen, kein Volleyball mehr spielen, nicht mehr Skifahren, kein Bergwandern mehr bewältigen... All das, was ich früher wirklich gerne und gut konnte!

**Aber was ich kann:**

✓ ich kann ICH sein.

✓ Ich. Heike.

✓ **Mit all meinen Stärken und mit all dem, was ich geben kann.**

Aber in dieser oberflächlichen Zeit: wer sieht das??? Wer sieht das wirklich? Wer guckt hinter die MS-Fassade, wer möchte mich wirklich sehen????

Wer möchte sich heutzutage noch auf eine Beziehung auf Augenhöhe einlassen, wenn er den schnellen Sex doch auch ohne Verpflichtungen bekommen kann???!!!

Aber warum möchten viele Männer (oder auch Frauen) diese wundervolle „Beziehungs-Kiste", wie es manche abwertend nennen, nicht mehr?

**Warum nicht?**

Und warum ist man dann nicht ehrlich – zu sich und anderen und schreibt in seinem Profil, dass man KEINE feste Beziehung sucht!?

Ich habe in meinen Dating-Profilen immer stehen (wie traurig eigentlich), dass ich weder One-Night-Stands noch „Freundschaft Plus" suche. Naiv dachte, dass das eine klare Ansage sei. **Naiv!**

Ich hatte aber immerhin bis jetzt das Glück, dass immer ich diejenige war, die sich für die jeweilige Trennung entschieden hat. Denn ich weiß nun, nach vielen Fehl-Versuchen auch, was ich will und nicht will. Das macht es aber nicht einfacher, denn als starke Frau aufzutreten scheint auch nicht immer so gefragt zu sein! ☺

Sich bei all dem Wirrwarr, all den Verwicklungen, Lügen und kleinen Unwahrheiten noch immer zu daten, ist fast schon blöd. Ich habe mehrmals je eine lange Pause gemacht und hatte dann doch mal wieder mal das Bedürfnis verspürt zu „suchen"!

**Gibt es eigentlich noch die Normalos? Die, die eine feste Beziehung wollen, mit Liebe, Respekt, Wertschätzung, Neugierde und Achtung auf Augenhöhe? Mit Vertrauen und gutem Willen, mit Freude und Gelassenheit, mit positiver Aufregung und Schmetterlingen im Bauch?**

Wo sind die, die nicht bindungsgestört (oder vermeidende Männer) sind; wo sind die, die keine Psychosen oder Alkoholprobleme haben, die keine schweren psychischen Beeinträchtigungen haben; die junggeblieben sind und sich auf das wundervolle Abenteuer Liebe einlassen möchten?

Ich finde sie einfach nicht! ☺ Gibt es sie denn noch?☺

**Und nicht falsch verstehen: ich habe kein Problem mit Männern, die ebenfalls beeinträchtigt sind oder andere Erkrankungen haben,** aber schwere Psychosen oder ähnliches – das geht halt gar nicht!

Und wenn man als geschulte Pädagogin mit psychologischem Hintergrundwissen so manch einen Profiltext liest, fragt man sich, wo ihn Derjenige wohl abgeschrieben hat, da er sich in einem späteren Satz wieder völlig widerspricht!

Wo sind sie, die normalen Menschen, die einfach eine liebevolle Beziehung suchen, in der Beeinträchtigungen nicht so eine große Rolle spielen, da man andere Werte hat???

Und mal ganz ehrlich: ich bin 62 Jahre alt und das Alter in der Partnerwahl regelt sich ja so „plus/minus" von selbst. Und: jeder Mensch in diesem Alter hat irgendwelche körperlichen Probleme: das Herz, Diabetes, Bandscheiben, Potenzprobleme und und und!

Kann man doch drüber reden, oder nicht?

Wo aber ist auch diese **wertvolle Kommunikation** geblieben??? Irgendwo auf der Strecke…. ist sie geblieben…**Irgendwo im Nirgendwo** und übrig bleibt meist ein Fake oder ein nicht ganz so ehrliches Handeln.

Traurige Wahrheit nach vielen Jahren des Datings.

Und auch noch so eine Sache: wenn mich ein Mann anschreibt mit „Hallo Süße, ich kann Dich verwöhnen", tut mir ausnahmsweise der Profil -Wisch nach links „nope", nicht leid. Das ist armselig!

Und überhaupt: ein, zwei Sätze sollte man auch anständig und einigermaßen fehlerfrei schreiben können, oder?

OMG, es ist wirklich heftig…. Und ich mittendrin – ich wollte das nie und wäre so gerne noch glücklich mit meinem verstorbenen Mann zusammen! Und noch dazu hätte es mir auch ehrlich gesagt niemals SO schwierig vorgestellt.

Und wer mir allzu schlaumeierisch sagt, ich solle doch das Online-Dating lassen und auf schöne Weinfeste gehen – dem lächle ich entweder nur mild zu oder erzähle, wie ich letztens auf dem Kopfsteinpflaster mit flachen Schuhen hängengeblieben, ausgerutscht und Tische umwerfend so gar nicht aufgefallen bin! ☺

Meine Knie sind vom Sturz noch immer aufgeschürft, denn diese Ameisen-Knochen, die überall herumliegen, machen es uns MS'lern nicht gerade einfach...! ☺

Langes Stehen auf einem Fest? Ein Unding!

Lange auf einer Bank der Bierzeltgarnitur sitzen: geht selbst kurz ohne Lehne gar nicht.

An einer Schlange für Getränke anstehen? Ein No-Go mit MS!

Mit dem Auto irgendwo hinfahren und dann nach ein paar Stunden (hahahahaha) wieder heimfahren: gemeingefährlich – also absolut nicht machbar!

Tanzen gehen: ich lache nur: wer möchte einen ständig stolpernden, mal angespannten, mal schlaffen MS-Körper im Arm halten??? Wer möchte sich auf der Tanzfläche mit einem MS`ler blamieren? ☺

Niemand!!!!

Bei lieben Freunden im Garten sitzen: das ist mir am Allerliebsten, denn dort fühle ich mich gut aufgehoben und liebevoll umsorgt: Nur, dort kommt nicht mein Traumprinz hereingeschneit und sagt: „DU bist es, Du und keine andere!" ☺

**Also doch Online-Dating?** ☺

Dann bekommt man immer wieder Mails von angeblichen amerikanischen Männern, die auf einer einsamen Bohrinsel leben und dringend Geld brauchen...

Nöö, will und brauch ich nicht, diese Fakes.

Aber einfach mal in den Arm genommen zu werden, vom Tag zu erzählen, gemeinsam Pläne zu schmieden und sich ein gemeinsames Leben aufzubauen – gibt es das noch? **Mit Verbindlichkeit, Absprachen und gegenseitiger Fürsorge?**

Sind denn alle Singles zu egoistischen Arschlöchern mutiert?

Also: weitermachen! Oder doch nicht? ☺

Naja, solange noch das Premium-Abo bezahlt ist... ☺

Danach: nichts wie weg von diesen Portalen und auf den Prinzen warten! ☺

**Und so ganz „nebenbei" Selbstfürsorge betreiben, das eigene Leben genießen, sich mit allen Sinnen darauf einlassen, das ei-**

gene Zuhause als Nest zu gestalten und dann festzustellen: Zuhause ist`s einfach soooo schön und wo soll ich hier noch einen Mann unterbringen? ☺ ☺ ☺

Na denn, dann gibt es wohl doch einmal ein Buch zum Dauerthema DATING: Erfahrungsberichte von Männern und Frauen habe ich mittlerweile zur Genüge! ☺
Und ja, ich hätte noch so viel zu erzählen! ☺

Und doch hatte ich Glück, dass ich noch nichts wirklich Furchterregendes erlebt und mich auch immer rechtzeitig verabschiedet habe…
Das ist allerdings nur ein fader Trost…!
Aber wie immer nehme ich das alles mit HUMOR, mache das Beste daraus und sammle Stoff für meine Blog- und Büchertexte! Das Leben ist so vielfältig und der „liebe Gott hat doch einen großen Tiergarten!" ☺ Wunderlich ist er und auch nicht mehr das, was es mal war! ☺

Vielleicht werden wir aber auch alle etwas wunderlich mit der Zeit!

Mit einem zwinkernden Auge grüße ich Dich und bin gerade ein recht glücklicher Single…. ☺
Und ach ja: die Kündigungen der Dating-Portale sind alle raus! Und tschüss! ☺

# Dating – was ist das?

Dating bedeutet eigentlich „**Kennenlernen im öffentlichen Raum**, um herauszufinden, ob man zusammen passt zwecks einer Ehe oder Beziehung". Solche Treffen werden heutzutage umgangssprachlich auch im deutschen Sprachraum als „Dates" bezeichnet.

Man könnte es auch so ausdrücken: Dating ist eine Probezeit, in der zwei Menschen herausfinden, ob sie ihre Beziehung in Richtung einer dauerhafteren Beziehung vertiefen möchten. In diesem Sinne bezeichnet „Dating" die Zeit, in der Menschen in der Öffentlichkeit zusammen sind.

**Die Dating-App:**
Das Problem mit Dating-Apps (sowie dem Internet an sich) ist, dass sie sehr schnell und einfach zu verwenden sind, ihnen aber eine gewisse Authentizität bei der Interaktion mit anderen fehlt.

Und da sind wir auch schon mitten in der „Schwierigkeit" des unsichtigen Dating-Dschungels.

Biografien können irgendwo abgeschrieben sein, Profilbilder können Fakes sein und alle Informationen können der Unwahrheit entsprechen.

Und man weiß wirklich nie, wer hinter einem Profil steckt – Worte und Bilder sind „geduldig"!

Gleichzeitig sagen viele Nutzer, dass es insgesamt deutlich schwieriger geworden ist, im „realen Leben" jemanden kennenzulernen! Also ein unüberschaubarer Dschungel auf allen Ebenen!

„**Healthy Dating**" (= gesundes Dating) bedeutet, in Verbindungen zu investieren, in denen alle Beteiligten sich wohl, wertgeschätzt und respektiert fühlen. Hierfür ist eine offene und ehrliche Kommunikation entscheidend, die bereits online beginnt und zwar mit der Erstellung eines authentischen ehrlichen Dating-Profils.

## Wie läuft Dating ab?

Für die Dauer der Kennenlernphase gibt es keinen zeitlichen Rahmen. Manche Paare wissen schon nach wenigen Tagen, dass sie sich verstehen und zusammengehören. Andere Paare nehmen sich einige Wochen, ein halbes Jahr oder noch länger Zeit.

Da dies so individuell ist, ist es wichtig, dass sich keiner einem Druck ausgesetzt fühlt. Man kann auch einige Dinge offen ansprechen und dabei schon feststellen, wie der Partner reagiert.

Trotz allem sind die Dating-Plattformen zur Nummer Eins unter den Orten geworden, an denen Paare sich heute kennenlernen können. Auch für Berufstätige, die wenig Zeit haben ist diese Form des Datens reizvoll. Außerdem ist es dadurch möglich, Kontakt zu Menschen zu finden, die man sonst nicht getroffen hätte.

## Dating:

Nicht immer bedeutet ein Profil auf einem Dating-Portal auch, dass sich derjenige eine feste Beziehung wünscht, auch wenn man vielleicht selbst auf der Suche danach ist!

Manche Portale bieten deshalb eine Auswahl an Möglichkeiten an, wie zum Beispiel: „Ich suche eine feste ernsthafte Beziehung", „Nichts Festes", „Offen für Neues", „Ich suche Freundschaften", und so weiter…

Wenn dies ehrlich ausgefüllt *würde*, hätte man eigentlich schon eine „Marschrichtung"!

Leider fängt hier oft schon die Unwahrheit an: viele Suchende wissen, dass es sich besser macht, den Wunsch nach einer „festen Partnerschaft" anzugeben und dann doch darauf zu hoffen, dass erst einmal nur Sex dabei herausspringt. Das habe ich leider mehrfach erlebt, obwohl ich in meinem Profil immer darauf hinweise, dass ich keine One-Night-Stands und auch keine „Freundschaft Plus" suche.

## Freundschaft Plus

> Freundschaft Plus bedeutet, sich auf jemanden emotional einzulassen, der „nett" ist und mit dem man seine sexuellen Bedürfnisse befriedigt – ohne sich dabei final entscheiden zu müssen oder auf eine Beziehung einzulassen.

Trotzdem richtet man sich natürlich erst einmal an den Profilangaben.

Wenn jemand keine feste Beziehung sucht, ist das für mich ein Aus-Kriterium, da ich definitiv eine feste Partnerschaft suche. Das kann natürlich je nach Wunsch und Individualität jeder für sich entscheiden.

Hat man die ersten Kriterien schon im Auge, kommt es natürlich auch auf die Optik und das Alter an.

Ein Foto sollte aussagekräftig sein, deutlich und natürlich ohne Sonnenbrille (was leider alles oft missachtet wird). Ganz grenzwertig finde ich Profile ohne Bild oder mit einer Landschaftsaufnahme, oder einer fragwürdigen Text-Grafik!

Natürlich ist es nicht einfach, sich so öffentlich zu präsentieren, denn Missbrauch gibt es in diesem Bereich zu Hauf!

Aber wenn man sich auf solche Portale begibt, dann gehört eine gewisse Transparenz dazu, denn man möchte ja seinem Gegenüber etwas von sich vermitteln.

Da *mein* Name leicht zu ergoogeln ist und ich gerne erst einmal ein Gespräch mit einem möglichen Partner haben möchte (besonders wegen meines MS-Outings), gebe ich einen anderen Vornamen an, was sowieso sehr Viele tun. Das kann man beim ersten Schriftverkehr klarstellen und damit hatte ich auf beiden Seiten noch nie Probleme.

Wenn man sich von einem Foto angezogen oder angesprochen fühlt, ist das schon einmal der erste Schritt. Man ist nicht oberflächlich, wenn man auf ein Foto reagiert oder eben auch nicht reagiert. Denn ein Foto ist sozusagen die Eintrittskarte, die wichtig ist!

Jeder Mensch hat gewisse Vorstellungen von einem Partner. Sich komplett festzulegen, ist sicherlich äußerst schwierig, aber wenn ein

Mann nun beispielsweise mit blonden Frauen sogar nichts anzufangen weiß, ist das doch ok und umgekehrt genauso.

Natürlich kommt es nicht nur auf die Optik an – das wissen wir alle! Hinter jedem Gesicht steckt ein individueller Mensch mit besonderen Eigenschaften und die kann man auch ergründen!

Ich habe vielen Männern, die nicht so ganz meinem Typ entsprachen, trotzdem eine Chance gegeben - aus genau diesem Grund.

Manchmal war es dann auch ok, manchmal so gar nicht. Wichtig ist auf jeden Fall, dass man den Menschen mag und bei mir ist auch immer der Gedanke dabei: „Könnte ich ihn küssen?". Wenn ich das ausschließe, ist s schlicht und ergreifend sinnlos….

Nach dem ersten Betrachten und Lesen des Profils (hier ist es sehr schön, wenn dort auch tatsächlich etwas Persönliches verfasst wurde, damit man sich ein Bild des Menschen machen kann), folgt dann meist das Anschreiben und sehr oft erlebe ich, dass sich Männer auch gerne mal anschreiben lassen. Als Frau kann man also auch gerne mal die Initiative ergreifen. Natürlich muss man es dann auch aushalten können, wenn man keine Antwort erhält.

Und natürlich kann auch hier immer der Schein trügen, aber es ist ein wichtiger Schritt.

Und auch das ist so ein Thema: Antworte ich immer? Antworte ich nur, wenn mir etwas an der Person liegt? Das handhabt sicherlich auch jeder auf seine eigene Art und Weise.

Bei mir ist es so, dass ich definitiv nicht auf eine dumme Anmache oder ein einfaches „Hallo" antworte, da ich mich dadurch nicht wirklich angesprochen fühle.

Der Schriftverkehr ist auch so eine Sache, denn manchmal blubbt es einfach so vor sich hin - gemäß dem Spruch: „Schönes Wetter heute" - ohne Tiefgang. Andere stellen interessante Fragen oder stellen sich selbst vor. Diese Unterschiedlichkeit macht`s spannend, aber auch manchmal anstrengend…

Wenn man sich schon gleich nichts zu sagen hat, wird das sicher auch nicht besser werden! ☺

Oft folgt daraus dann ein Telefonat (oder mehrere), oft auch der Austausch der Handynummern um sich mit Sprach- und Text-Nachrichten austauschen zu können.

Wenn bis dahin alles gut lief, wird dann häufig das erste Treffen geplant.

## Das erste Treffen

Nun ist es also soweit und das erste Treffen, das eigentliche Date, steht an. Was eine Aufregung!

Und wie extrem unterschiedlich es verlaufen kann!!!

Bei mir hing der Grad der Aufregung immer damit zusammen, was vor dem persönlichen Kennenlernen schon stattgefunden hat: wenn man schon viel telefoniert hatte und sich dadurch recht vertraut war, hatte es für mich immer etwas mehr Aufregenderes, als bei einem Spontan-Treffen, da man schon viel mehr von dem Anderen weiß und vielleicht auch schon eine andere oder größere Erwartung hatte.

Es gibt einige Regeln und Vorschläge, wie man sich bei einem ersten Treffen verhalten solle, aber ich halte es immer so, dass ich einfach ich selbst bleibe und möglichst locker an die Sache herangehe.

Klar ist natürlich, dass es von Vorteil ist, wenn man sauber und ansprechend aussieht, wenn man freundlich und offen, zugewandt und feinfühlig ist, gut zuhört und entsprechend reagiert. Aber versuchen wir das nicht alle automatisch?

Interessant finde ich jedenfalls, dass jedes Treffen einzigartig und völlig unterschiedlich verlaufen kann.

Toll ist es, wenn man schon nach dem ersten Treffen das Verlangen verspürt, sich wiedersehen zu wollen! Und wenn dies so bleibt - umso besser! ☺

Dann gibt aber auch natürlich jene Dates, die so katastrophal verlaufen, dass man versucht, das Treffen abzubrechen.

Hier kommt es wieder auf die individuelle Art an. Sicher wäre es besser, liebevoll und respektvoll klarzumachen, dass es „für mich" nicht geklappt oder gefunkt hat. Oft bekommt man das aber verbal nicht hin und schreibt dann später etwas…oder man lässt sich auf ein weiteres Date ein.

Für mich persönlich sind diese Momente immer schwierig zu jonglieren, da ich niemanden verletzen möchte. Andererseits habe ich gelernt, aus heftigen Tatsachen, dass es nichts bringt, wenn man nicht ehrlich ist. Denn diese Unehrlichkeit ist auch für einen selbst nicht ehrlich und zeugt nicht von großer Selbstliebe.

**DAS ist beim Daten ein entscheidender Punkt: ehrlich zu sein in respektvoller und friedlicher Achtung vor sich selbst, dem anderen und der Situation!**

Ich hätte viel öfters am Anfang schon ein klares Nein formulieren sollen, als immer wieder die Hoffnung zu haben, dass „das schon wird!".

Aber Hoffnung ist eine sehr sehr starke Emotion, die uns trägt und die wir nicht aufgeben möchten. Und in vielen Bereichen unseres Lebens ist die Hoffnung ja auch unser Motivationsträger, der uns in einen sicheren Hafen schifft. Da wir das so kennen, reagiert unser System nun auch beim Daten voller Hoffnung und möchte sie so schnell nicht aufgeben. Und doch, wenn alle Zeichen dagegen sind, ist es notwendig zu entscheiden, ob uns hier unsere gewohnte Hoffnung zuträglich oder eher hinderlich ist. Dies kann man natürlich selten einfach so auf die Schnelle entscheiden, vor allem, wenn man voller Aufregung steckt und aus diesem Grund können viele sich nicht gleich abgrenzen. Ich gehöre wohl dazu und bin im immerwährenden Üben, mich in solchen Fällen liebevoll aber klar abzugrenzen.

Andere schaffen das wiederum problemlos. Eine Frau erzählte mir, dass sie beim ersten Date ganz klar vorgeht: wenn sie den Mann sieht und sie das Gefühl hat, dass es nicht passt, sagt sie das direkt. Somit verschwendet sie - so ihre Worte - keine Zeit und Energie für etwas, das aussichtslos wäre. **Spannend, oder?**

Im Endeffekt wird jeder so reagieren, wie es die Situation oder die eigene Handlungsstrategie hergibt....

## Notfall- Arrangement / Der „Hilferuf" – Code / Vorbereitungen

Beim ersten persönlichen Kennenlernen halte ich es für sinnvoll, sich auch in der Hinsicht darauf vorzubereiten, dass eine (oder mehrere) gute Freundinnen wissen, wo man sich aufhält.

Ich gebe immer den Namen und die Daten des potenziellen Mannes an meine beste Freundin weiter, wenn es zu einer Verabredung kommt. Sie behandelt das natürlich absolut vertraulich.

Denn: es ist einfach gut, wenn auch jemand anderes weiß, mit wem ich mich da gerade treffe und auch wo dieses Dating stattfindet.

Bei WhatsApp kann man beispielsweise ganz einfach seinen Standort teilen.

Ich gehe damit bei einem Treffen sehr offen um und hatte deswegen noch nie Schwierigkeiten. Den Standort teile ich immer wieder mal während des Beisammenseins mit.

Außerdem schreibe ich meiner Freundin auch nach der ersten halben Stunde eine kurze Nachricht (und auch das erkläre ich dem Partner), ob alles ok ist.

Das gibt Sicherheit und signalisiert dem Mann, dass man nicht ausgeliefert ist.

Außerdem treffe ich mit meiner Freundin auch ein Notfall-Arrangement: sollte ein Date unmöglich verlaufen und ich es nicht schaffen, mich freundlich zu verabschieden, gebe ich ihr ein kurzes Zeichen via Textnachricht und sie ruft mich unter einem Vorwand an, damit ich das Date abbrechen kann.

Dies nutze ich mittlerweile nicht mehr, da ich es gelernt habe, mich freundlich und deutlich zu verabschieden, aber am Anfang im Dating-Dschungel war es für mich gut zu wissen, dass es einen Notfallplan gibt!

**Wie reagiere ich nach dem ersten erfolgreichen Treffen:**
Jeder der Beteiligten darf dem anderen eine liebe Nachricht schreiben! Man muss nicht gleich Liebesbeteuerungen senden ☺, aber man kann schreiben, wie schön man das Treffen gefunden hat und sich auf das nächste Date freut. Damit bedrängt man niemanden, aber man gibt ein klein wenig von sich preis und erleichtert dem Gegenüber vielleicht eine entsprechend passende Antwort! Man vergibt sich dabei nichts, hat aber etwas Schönes ausgesprochen.


**Das erste Treffen und meine chronische Erkrankung**
Für mich beinhaltet das erste Treffen auch immer mein Outing, dass ich chronisch krank bin. Ich möchte es persönlich erzählen und meinem Gegenüber dabei in die Augen schauen können.

Ich liefere sozusagen mein Gesamtpaket ab. Ganz am Anfang einer möglichen Beziehung, also beim ersten Date, ist noch alles komplett offen... Und meistens sind ja noch keine Gefühle im Spiel, was es mir relativ einfach macht, mich zu erklären. Denn sollte der potenzielle Mann nun abgeneigt sein, auf Grund dieser Basis eine Beziehung mit mir eingehen zu wollen, kann er sich jetzt noch ungefährlich zurückziehen, ohne dass es mir wehtun würde.

Ich hatte bis jetzt noch nie ein Problem mit dieser Erklärung und habe keine Abweisung erhalten! Dafür bin ich sehr dankbar, da es mich jedes Mal noch mutiger macht, offen mit meiner MS umzugehen. Aber auch diesbezüglich habe ich leider schon ganz andere Geschichten gehört, die mich sehr traurig stimmten.

In wie weit meine MS in einer Beziehung eine Rolle spielen wird, wird sich im Laufe der Zeit zeigen (da kommt es aber auch immer auf den Partner und seine Umgehensweise damit an). Aber zumindest habe ich das Thema ehrlich angesprochen und man kann mir nie den Vorwurf machen, etwas verheimlicht zu haben. Ein Rückzug des Mannes ist ganz am Anfang lange nicht so schlimm, als wenn es nach einiger Zeit passieren würde, denn jetzt ist ja sowieso noch alles offen. Aber auch damit kann jeder umgehen, wie er möchte. Ich schildere nur meine Erfahrungen und dass ich gut damit gefahren bin!

# Noch ein paar Tipps:

### Wie flirtet ein Partner, der es ernst meint?

Es ist immer ein gutes Zeichen bei einem Date, wenn Dir der Partner seine volle Aufmerksamkeit schenkt. Er erzählt von sich, aber fokussiert seinen Blick und seine Aufmerksamkeit voll auf Dich. Er ist nicht nur passiver Zuhörer, sondern stellt auch Fragen und zeigt damit echtes Interesse an Dir und dem, was du zu erzählen hast.

### Was suchen Männer in einer Frau?

Männer wollen Frauen mit einer positiven Energie und Lebenseinstellung – eine positive Ausstrahlung wirkt mitreißend und hilft Dir beim Date dabei, sein Interesse zu wecken. Ich halte es für ehrlich, wenn man ihm seine Gefühle und Gedanken ganz offen zeigt. Man kann ja nichts verlieren und wenn man begeistert von einem Thema ist, kann man dies auch deutlich zeigen.

### Wann steht ein Partner auf mich?

Er meldet sich regelmäßig bei Dir, macht Vorschläge für die nächsten Verabredungen und antwortet schnell auf Deine Nachrichten. Auch wenn er Dich zeitnah wiedersehen möchte, ist das ein deutliches Anzeichen dafür, dass er interessiert oder verliebt sein könnte.

Partner, die sich kaum melden, oder erst nach Stunden auf eine Textnachricht reagieren, haben offensichtlich andere Prioritäten!!!

### Wie fängt eine gute Beziehung an?

Die Grundlagen einer wundervollen Beziehung sind natürlich neben gegenseitiger Sympathie und Achtung, eine offene Kommunikation, Respekt, Vertrauen, gemeinsame Ziele, Zeitqualität, Kompromissbereitschaft, Unterstützung, Konfliktlösung, Unabhängigkeit und Liebe. Eine glückliche und erfüllende Beziehung zu führen, ist ein Ziel, das viele Paare verfolgen.

Da ich das so schon einmal erleben durfte, weiß ich, dass hier auch „der Weg das Ziel" ist, denn das gemeinsame Miteinander prägt, wirft auch mal Missverständnisse auf, die dann aber mit einer guten Kommunikation einverständlich geklärt werden können. Deshalb sind all diese aufgezählten Attribute auch gleichermaßen wichtig, denn ein Zahnrad fügt sich in das andere ein.

Am Anfang einer Beziehung sollte immer eine gewisse Leichtigkeit stehen, niemals Kampf oder Belastung. Schnell rasselt man in eine toxische oder verkorkste Beziehung hinein und merkt gar nicht, wie verfangen man schon ist und dann auch keine Leichtigkeit mehr spürt. Man will dem anderen immer und immer wieder eine Chance geben… Aber wie lange möchte man das tun??? Irgendwann darf man sich auch eingestehen, dass es vielleicht an der Zeit ist, wieder andere Wege zu gehen.

### Woher weiß ich, ob er das Date gut fand?

Eindeutig gute Zeichen beim ersten Date sind aufrichtiges Interesse am anderen, Themen, die verbinden, Blicke, eine zugewandte Körpersprache und eine verbindliche Verabredung für ein zweites Treffen. Wer nicht lange rätseln will, der sollte in einem offenen Gespräch klären, wie es um ein Wiedersehen steht. Wenn ein Date bis „zum Schluss" gut verlaufen ist, kann man ohne Weiteres beim Abschied nach einem nächsten Date fragen. Ich finde es auch schön, wenn man sich dann irgendwann eine liebe Nachricht schreibt. Man hat ja absolut nichts zu verlieren, das darf man sich immer wieder klarmachen. **Man darf auch einfach mal MUT haben, denn es könnte ja auch klappen!** ☺

### Was nervt Frauen in der Kennenlernphase?

Auch Frauen haben Dinge, die sie in der Kennenlernphase nerven können. Dazu zählen unter anderem: Unaufmerksamkeit, Unverbindlichkeit und mangelnde Klarheit über die eigenen Absichten. Auch wenn er ständig aufs Handy schaut, macht das nicht unbedingt einen interessierten Eindruck. No-Gos sind emotionale Kälte oder klares Desinteresse.

Wenn er ständig über seine vergangenen Beziehungen, die Ex-Frau oder verstorbene Frau spricht, macht das auch nicht unbedingt den Eindruck, dass er in die Zukunft blickt und bereit dafür ist.

Ich habe einen Mann erlebt, der mir eine geschlagene Stunde von seiner Ex erzählte und trotz Versuchen meinerseits, ein anderes Thema zu finden, kam er immer wieder darauf zurück. Das ist abtörnend und echt nervig!

Was ich persönlich auch nicht mag, ist Unsauberkeit (eingeschlossen sind ungepflegte Fingernägel), schmutzige Schuhe oder ausgebeulte Hosen. Ein bisschen Mühe darf man/n sich ruhig machen, denn das gibt uns ja auch das Gefühl, dass er sich vorbereitet hat.

# Sinnvolle Fragen
## für ein erstes Gespräch, ob per Messenger, Textnachricht, am Telefon oder bei einem persönlichen Treffen

### Suche nach spannenden Details im Dating-Profil

Wenn jemand ein aussagekräftiges Profil hat, findet man darin eine Menge an Informationen, Vorlieben, Hobbies und so weiter. Dies kann man schon beim ersten Anschreiben nutzen, denn dann wird dieses persönlicher und vor allem individueller und der andere spürt, dass man sich Mühe gibt und sich mit ihm befasst.

Auch die Frage, wie der andere tickt oder was ihn auszeichnet sind spannende Aspekte.

Man darf sich gerne Themen heraussuchen, die auch einen selbst interessieren, da man darüber begeistert erzählen kann und der Andere somit auch neue Aspekte an Dir entdeckt. Dein Gegenüber merkt normalerweise relativ schnell, wenn Du Dich langweilst oder der Dialog erzwungen wirkt. Du willst schließlich nicht gekünstelt, sondern authentisch und ehrlich herüberkommen.

## Anekdoten und Schmunzel-Geschichten über sich selbst parat halten

Erstens ist das herrlich erfrischend. Authentisch und eventuell auch selbstkritisch, was ja nur gut ankommen kann! ☺

Zweitens kannst Du mit diesen Geschichten auch schon etwas vorherbestimmen, wie Du Dich gerne selbst darstellen möchtest. Sie sind nicht nur unterhaltsam, sondern bieten auch einen guten Einblick in den Alltag des Anderen, sein Umfeld sowie seinen Charakter. Zudem kann der Zuhörer hier viele Details erfahren, die als Grundlage für weitere Gesprächsthemen bei dem Date dienen können.


### Smalltalk-Themen

Beruf, Urlaube, Hobbys – das sind ebenfalls gute Themen, wie auch Ängste oder Träume; ob man ein Sonnenanbeter ist oder nicht....


### Pläne, Träume und To-Do-Liste

Das kommt auch immer gut an, weil man sieht, was der Andere bevorzugt, was ihm wichtig ist oder was noch unerfüllt ist. Außerdem sind sie nicht unerheblich für eine mögliche Beziehung - ob beide ähnliche Ziele verfolgen oder diese zumindest miteinander kompatibel sein könnten.


### Das aktuelle Zeitgeschehen

Diese Gespräche geben große Einblicke und Aufschlüsse über die andere Person. Auch wenn es vielleicht nicht ganz unverfängliche Themen sind, ist es sicher wichtig zu wissen, wo der andere steht. Diskussionen wiederum bieten natürlich viel Potenzial für Spannungen und sicher beim ersten Date nicht so sinnvoll!

**Interessante Bücher, Filme, und Sport** sind ebenfalls gute Themen um Gespräche zu beginnen und Einblicke zu erhalten.

Wenn es **etwas tiefgründiger** sein darf, dann sind Fragen wie, „Auf welche Eigenschaften legst Du bei einem anderen Menschen besonders viel wert?"; „Was ist Deine Lieblingsjahreszeit und warum?"; „Wenn Du ein Tier wärst, welches wärst Du dann?"; „Welche Superkraft hättest Du gerne und warum?"; „Worüber hast Du das letzte Mal herzhaft gelacht?"; „Was ist für Dich Romantik?" oder „Was ist für Dich ein perfekter Tag?".

## Oder:
Was gibt Deinem Leben Sinn?

Welchen Traum hast Du… und/oder noch nicht verwirklicht?

Gibt es eine Sache in Deinem Leben, die Du bis heute bereust oder sofort wieder machen würdest?

Wie würdest Du Dein Leben gestalten, wenn Geld keine Rolle spielen würde?

Gibt es eine Person, zu der Du aufschaust?

## Was passiert, wenn Redepausen entstehen?
Erst einmal passiert gar nichts: Ihr seid zwei Menschen, die sich noch ziemlich oder völlig fremd sind, beide sind aufgeregt und da kann es einfach zu Redepausen kommen. Sie sind sogar völlig normal. Bleibe entspannt und tröste Dich mit dem Gedanken, dass Dein Gegenüber sicher gerade auch fieberhaft nach neuen Themen sucht. Lächle einfach, und wechsle vielleicht das Thema indem Du eine neue Frage stellst!

Und natürlich darfst Du auch **Deine Aufregung zeigen.** Das macht Dich absolut menschlich und super sympathisch! Es ist süß, wenn man sich gegenseitig erzählt, was vor dem Treffen vielleicht alles passiert ist! ☺

## Anmerkung:
Zu all den Dating-Apps, die sich meiner Meinung nach nicht wesentlich unterscheiden, ist trotz allem zu sagen, dass sie zwar eine gewisse Oberflächlichkeit unterstützen, aber eins muss auch klar sein: wenn ich date, ohne mich wirklich auf jemanden einlassen zu können

oder zu wollen, trage ich selbst zum Frust und zur Unehrlichkeit bei. Deshalb sollte sich jeder, der sich anmeldet, vorher wirklich überlegen, ob er bereit für eine Beziehung ist, oder auch im Profil ehrlich angeben, wenn man nicht DIE feste Beziehung sucht. Mit Menschen zu spielen, die es ernst meinen, ist alles andere als fair!

# Was macht endloses Daten mit uns?

Sind wir mal ehrlich: wenn man nicht auf Anhieb einen tollen Partner beim Online-Dating findet, kann es schon an die Substanz gehen, immer und immer wieder von vorne und neu zu daten.

Und wenn ich ganz ehrlich bin, dann muss ich zugeben, dass ich mir das alles etwas einfacher vorgestellt habe! Vielleicht ist das auch gut so, denn sonst hätte ich mich eventuell mehr zurückgehalten. ☺

Aber was das so alles mit einem macht, das überlegt man sich vorher nicht. Ich habe neue Seiten an mit kennengelernt und mich so oft in Frage gestellt oder mich gefragt, warum ich so Manches überhaupt mitgemacht habe…

Klar ist das alles auch immer eine Chance, um sich selbst zu reflektieren, um mit sich und seiner Psyche ins Reine zu kommen. Und da ich ja auch eine sehr spirituelle Seite habe, fragte ich mich sehr oft auch, warum mir das Universum solche schwierigen Wege bereitet und was ich dadurch noch alles lernen darf. Und manchmal bin ich einfach nur müde und denke, dass es mir das Universum doch auch etwas leichter machen könnte. Habe ich nicht schon genug gelernt und genügende Erfahrungen gesammelt??? ☺

Und natürlich kommt dann auch die Frage auf: Habe ich nicht endlich ein bisschen Glück verdient?

Ich finde, dass es so langsam reicht und ich einfach mal wieder glücklich sein dürfte!

Das sind *meine* Gedanken, aber vielleicht hat es das Schicksal anders oder umständlicher mit mir gemeint! Wer weiß das?

Ich war sogar schon einmal bei einer Kartenlegerin, um mir meine Zukunft deuten zu lassen.

Ich schreibe dies so ehrlich, um Dir aufzuzeigen, dass Du nicht alleine bist mit Deinen Gedanken und dass es einfach völlig OK ist, wenn man sich einen Partner an seiner Seite wünscht und danach sucht.

Gut gemeinte Ratschläge, wie: „Du musst Dich finden lassen!"; „Suche doch nicht so verbissen!" und so weiter, helfen da auch nicht weiter.

Gerade hatte ich in einem Gespräch mit einer Freundin erwähnt, dass ich alle Dating-Portale auf „PAUSE" gelegt habe, da kam der Rat, nicht so verzweifelt zu suchen! Hmmm…, hatte ich nicht gerade gesagt, dass ich pausiere?

Und sagen das nicht gerade jene, die glücklich in einer Beziehung stecken?

Hätte ich das vielleicht auch jemandem geraten, als ich noch mit meinem verstorbenen Mann zusammenlebte? Ich hoffe nicht, aber ich weiß es nicht! Man gibt oft Ratschläge, die beim Gegenüber nicht gut ankommen.

Aber egal mit wem ich über Dating-Probleme rede: es kommen immer gleiche Antworten: alle sind enttäuscht oder verzweifelt. Und das quer durch alle Altersschichten! Da fragt man sich doch wirklich, warum das so ist? Es muss doch das passende Deckelchen irgendwo da draußen geben, oder nicht?!

Es muss doch irgendwo auch ein Mensch Zuhause sitzen, der das Gleiche möchte wie ich?

Und wenn man dann mal wieder jemanden datet, dann gibt es so viele Möglichkeiten:

- Toller Mann, aber ich kann mir mit ihm eine Beziehung so gar nicht vorstellen
- Keine sexuelle Anziehungskraft
- Intellekt passt nicht
- Andere Gründe, die einfach nicht passen wollen…
- Ein Mann, der mich total klasse findet, aber ich kann einfach nichts mit ihm anfangen…

Es ist wirklich schwierig und umgekehrt geht es ja dem entsprechenden Partner*in genauso.

Wie oft hat mir ein Mann geschrieben, dass ich nicht seinem „Typ Frau" entspräche und wie oft habe ich darüber nachgedacht. Anfangs hat mich so eine Aussage irgendwie runtergezogen, aber wenn man mal genau darüber nachdenkt, geht es uns umgekehrt doch auch so. Und daran ist nichts Schlimmes. Wenn nun mal jemand auf „groß und dunkelhaarig" steht, kann er mit mir „klein und blond" halt nichts anfangen.

Manchmal frage ich mich zwar, ob man sich nicht auch mal öffnen sollte und dem Anderen nicht einfach trotzdem eine Chance geben sollte, aber der erste visuelle Eindruck ist nun mal die Eintrittskarte und vielleicht müssen wir das einfach akzeptieren.

**Aber eins bleibt: man stellt sich sehr oft in Frage.**

Und das tut nicht gut! Wenn man sich zu oft in Frage stellen muss, dann bleibt natürlich etwas hängen. Und je nach Tagesform oder Verfassung und vor allem je nach Typ (zum Beispiel mit einem guten oder schlechten Selbstbewusstsein) bleibt auch noch mehr hängen und verfestigt sich im schlimmsten Fall nachhaltig, macht womöglich depressiv oder krank.

Prinzipiell schadet es ja nichts, sich selbst immer mal zu hinterfragen und auch kleine Korrekturen vorzunehmen: das ist Leben und Wandel, sowie Entwicklung! Wenn man aber über Monate hinweg vieles nicht so Schöne erlebt, dann kann auch ein Mensch mit einem sehr guten Selbstbewusstsein irgendwann mal müde werden oder einfach nur fertig sein.

Aus diesem Grunde halte ich es für dringend notwendig, seinen potenziellen Dating-Partnern immer freundlich und fair zu begegnen, denn ich möchte keine Seele verletzen. Ich weiß selbst, wie verletzlich ich bin, wie sehr mir Manches zusetzt.

Und wie ich schon erwähnt habe: ich habe das unglaubliche Glück wirklich tolle wertschätzende Freund*innen zu haben, die mir immer ehrlich begegnen, mich auch mal zurechtstumpen oder mir ihre Sicht der Dinge mitteilen - und das liebe ich an ihnen, da ein gutes Selbstbild nur so funktionieren kann. Auf Grund dessen weiß ich aber auch, dass ich ok bin – so wie ich bin. Klar weiß ich auch, dass ich auch nur ein Mensch bin, mit Fehlern, Defiziten, aber auch Stärken; ich weiß dadurch, dass ich manchmal immer noch zu bedürftig bin und oft hohe Erwartungen habe. Dieses Reflektieren hilft mir, meine Balance zu finden und auch um mich neu zu finden, neu einzufinden sozusagen. Das ist wichtig und ich bin zutiefst dankbar, dass ich dieses Feedback erhalte. Denn es lässt mich nicht verzweifeln: weder an mir, noch an der Situation. Trotzdem habe ich diese Phasen, in denen auch ich als geborener Optimist kaum ein Licht am Dating-Himmel sehe.

Und ehrlich: manchmal nervt sogar das eigentlich so sinnvolle Reflektieren, da doch immer ein bisschen der Anteil des „Mich-in-Frage-Stellens" dabei ist. Bin ich vielleicht doch irgendwie schwierig oder so?

Ich hatte bei allen Beziehungen bis jetzt immer das Glück, dass die jeweilige Trennung von mir aus kam und meine Partner das oft nicht verstanden hatten oder gerne mit mir zusammengeblieben wären. Das ist ja immerhin auch schon etwas! ☺ Das zeigt mir doch auch, dass ich sooooo schlimm auch nicht sein kann! ☺ ☺ ☺

Aber wie gesagt: ein „Geschmäckle" bleibt immer! Und das macht etwas mit mir!


Dann kommt immer wieder mal die Frage auf: Gibt es denn nur noch schwierige, belastete, psychisch kranke Männer (Frauen)? Wo sind die Normalos geblieben?

Wenn ich auf meine Dating-Karriere zurückblicke, dann waren wirklich Männer mit Alkoholproblemen, narzisstischen Bindungsstörungen, Psychosen und so weiter dabei.

Wo ist er, der junggebliebene 60iger, der einfach nur ein tolles gemeinsames letztes Drittel erleben möchte? In Frieden, Gelassenheit, intelligent mit einer Prise Humor?


Und noch eine Frage stellt sich mir aufgrund eigener Erfahrungen und den Erlebnissen meiner Interview-Partner: Können Männer mit starken, selbstbewussten und autonomen, intelligenten Partnerinnen umgehen?

Auch diesbezüglich habe ich so meine Erfahrungen gemacht…

Das kann umgekehrt natürlich ganz genauso sein und ist bei Männern und Frauen als Partner ähnlich!

Meine Erfahrung zeigt auch, dass es gut ist, wenn man/frau weiß, was man/frau will und auch, was man nicht will. Das macht es allerdings auch nicht einfacher und wenn diese Themen mit dem Gegenüber nicht kompatibel sind, wäre eine sehr große Kompromissbereitschaft vonnöten!

Außerdem ist es sicher so, dass man mit zunehmendem Alter noch mehr an Altlasten mitbringt und einerseits nicht mehr zu große Kompromisse eingehen möchte, andererseits wiederum kompromissfähiger ist, auch anpassungsfähiger in manchen Bereichen. Das alles auszuloten ist mehr als eine Gradwanderung und definitiv nicht einfach. Aber wer sagte, dass Daten einfach sei? ☺

Das Leben ist nun mal kein Ponyhof und beim Daten erst recht nicht!

Trotzdem würden wir es uns natürlich anders wünschen.

Was das mit einem macht, dass man sich selbst in Frage stellt und sich fragt, warum man das überhaupt mitgemacht hat…. – das ist nicht zu unterschätzen!

# Liebeskummer

Liebeskummer: fast jeder Mensch hat im Laufe seines Lebens schon einmal Liebeskummer durchleben müssen. Wenn aus Schmetterlingen im Bauch plötzlich feste kantige Steine werden und Du Dich einfach nur noch „zum Heulen" fühlst.

**Der theoretische Teil**: Liebeskummer bezeichnet umgangssprachlich die emotionale Reaktion auf unerfüllte oder verlorene Liebe, vor dem Hintergrund partnerschaftlicher Liebe. Im Volksmund spricht man auch von *Gebrochenem Herzen*. Und obwohl damit im Allgemeinen psychische Prozesse gemeint sind, können auch körperliche Symptome auftreten, bis hin zum sogenannten Gebrochenes-Herz-Syndrom, bei dem lebensbedrohliche Funktionsstörungen des Herzmuskels die Folge sein können.

Meistens aber ist Liebeskummer vergänglich. Dies ist für gewöhnlich eine normale Station der Persönlichkeitsreifung, kann aber je nach Persönlichkeit auch mit mehr oder weniger schweren körperlichen oder psychischen Erkrankungen oder kriminellem Verhalten (wie Stalking, körperlicher und seelischer Gewalt) einhergehen.

Laut Wikipedia (29.11.24) wird womöglich infolge des Liebeskummers das rationale Handeln eines Menschen abgeschaltet; er neigt zu – für Außenstehende oft unbegreiflichem – Verhalten wie totaler Hingabe, Selbstaufgabe und Opferbereitschaft, oder auch Gewalt. Wie realistisch die Verbindung ist, die ein an Liebeskummer Leidender mit dem geliebten Menschen anstrebt, kann dabei irrelevant sein; denn diese Form von Kummer kann – wie die Liebe selbst – Bildungs- und Sozialschranken, Alter und Vermögen völlig unbeachtet lassen.

**Der praktische Teil** ist dann das, was mit uns passiert, wenn wir Liebeskummer haben.

Liebeskummer hat man ja nicht nur erst am Ende einer Beziehung, sondern manchmal allein deshalb schon, weil eine von uns gewollte Beziehung gar nicht erst zustande kommt. Auch die Anfänge einer Beziehung bieten unglaublich viele Sequenzen, um Liebeskummer haben zu können – sogar neben den Schmetterlingen im Bauch und den rosaroten Herzchen, die sinnbildlich um uns herumschwirren.

Liebeskummer ist aber immer ein irritierendes und ein schreckliches deprimierendes Gefühl. Manche Menschen möchten den ganzen Tag lang nur weinen oder verkriechen sich, andere wiederum verspüren eine tiefe Leere oder auch rasende Wut. All diese Symptome unterscheiden sich individuell, doch eines bleibt immer gleich: Liebeskummer tut weh, sehr weh!

Und wie beim Trennungsschmerz auch, fühlen wir bei Liebeskummer einen Schmerz, der dem Schmerz bei einer körperlichen Verletzung sehr ähnlich ist, denn bei Liebeskummer sind die gleichen Hirnregionen beteiligt, die auch bei körperlichen Schmerzen zuständig sind.

Bei Liebeskummer spielen natürlich auch unsere Hormone verrückt und somit verändert sich unser Hormonspiegel, wenn wir Liebeskummer haben. Das Glückshormon Serotonin sinkt, der Spiegel der Stresshormone Adrenalin und Cortisol steigt hingegen. Dies ist auch der Grund, warum wir bei Liebeskummer oder auch nach einer Trennung oftmals sehr sensibel sind, gereizt oder auch aggressiv reagieren.

Die *Symptome* eines Liebeskummers kennt jeder selbst und deshalb widme ich mich ihnen hier auch nicht groß. Wichtig ist mir zu erwähnen, dass das GEFÜHL des Kummers real ist und mit unserer Seele und unserem Körper „etwas macht" (sogar nachweislich)! Das darf Dich als Leser beruhigen oder bestätigen.

Liebeskummer ist heftig, verzehrend, haarsträubend schlimm, verletzend und man hat das Gefühl, diese Emotionen kaum aushalten zu können. Wenn sich diese Symptome manifestieren, dann kommen körperliche Symptome hinzu und dem wollen wir vorbeugen: Deshalb suche Dir einen Freund, mit dem Du reden kannst, dem Du all Deine Sorgen, Ängste, Selbstzweifel erzählen kannst. (Oder suche Dir – auch zusätzlich – professionelle Hilfe). Niemand muss das alleine durchstehen, denn Liebeskummer triggert gerne auch an anderen Stellen an, holt uralte nicht bearbeitete Gefühle aus der Kindheit hoch und kann uns dementsprechend schwer zusetzen. Richtiger Liebeskummer kann krank machen. Er kann uns auffressen, zerstörerisch wirken und ein vernichtendes Gefühl der Hilflosigkeit hervorrufen.

Um das zu überstehen braucht man „Handwerkszeug" und deshalb habe ich in meinem Buch auch so viele Texte zur Selbstliebe und so weiter geschrieben. Diese darfst Du Dir sehr gerne als Hilfestellung immer mal wieder durchlesen und verinnerlichen.

✓ **Denn wichtig ist bei Liebeskummer, dass Du nicht an DIR zweifelst, Dich womöglich nicht gut genug fühlst und Dir nicht die alleinige Schuld gibst.**

Trennungen passieren aus den unterschiedlichsten Gründen und sind manchmal noch nicht einmal für den, der die Trennung vollzogen hat, wirklich nachvollziehbar. Ich kenne ein sehr verliebtes Pärchen, das heiraten wollte (inclusive eines tollen Heiratsantrages) und alles war gut, als sich der Verlobte innerhalb von zwei Stunden plötzlich anders entschied und die komplette Beziehung auflöste. Er beteuerte ihr, dass es NICHTS mit IHR zu tun habe...
Das setzt zu und man braucht wirklich Unterstützung, um damit klarzukommen. Zum Glück hat sie es mittlerweile ganz gut verkraftet und nach der anfänglichen Schuldsuche bei sich selbst einfach akzeptiert, dass es nicht an ihr lag, sondern bei ihm irgendetwas der Auslöser war, der mit IHM und seiner Geschichte zusammenhing...

Ich möchte DIR lieber Leser aufzeigen, dass Gefühle zu haben wunderschön ist. Nicht jeder Mensch hat das Glück, seine Gefühle zu spüren. Es ist prinzipiell ein Geschenk, wenn man seine ECHTEN Gefühle wahrnehmen und eventuell sogar noch beschreiben kann; im besten Fall sogar adäquat mit ihnen umgehen kann! ☺

➢ **Diese Emotionen wahrzunehmen, sie auch rauszulassen und sich dabei zu beobachten, zu reflektieren, ist ein wichtiger Schritt in Richtung Heilung!**

Pauschale Tipps zu geben liegt mir nicht, denn jeder Mensch ist so individuell, so wundervoll einzigartig, dass auch jeder seine eigene Art und Weise hat, mit Situationen umzugehen.
Bleibe DIR treu – das ist der einfache Tipp! Bleibe „bei Dir", versuche, nicht *neben* Dir zustehen – in Kontakt mit DIR SELBST zu bleiben.

Weine, schreie, lache.... Alles ist erlaubt, mit dem wichtigen Blick nach vorne.... „Hinfallen, Aufstehen, Krönchen richten"! ☺

**Du schaffst das, weil Du schon sooo viel Anderes geschafft hast!**

## Mut machend

### Für Dich – wenn Du Mut brauchst

Du hast vielleicht nicht das Gefühl, stark zu sein. Aber weißt Du was? Stärke zeigt sich nicht im Lächeln, wenn alles leicht ist. Sie zeigt sich im Weitergehen, wenn alles in Dir stehen bleiben will.
Mut heißt nicht, keine Angst zu haben. Mut heißt, trotzdem loszugehen. Trotz Zweifel. Trotz Schmerz. Trotz der Stimme, die sagt: „Du kannst das nicht."

Aber ich glaube an Dich – auch dann, wenn Du es gerade nicht kannst. Ich sehe, was in Dir steckt. Die Kraft. Das Herz. Das Leuchten, das Du selbst manchmal vergisst.
Du bist nicht zu langsam. Nicht zu spät. Nicht zu wenig.
**Du bist genau richtig – mitten auf deinem Weg.**
Und es ist okay, wenn Du zwischendurch stehenbleibst. Hauptsache, Du verlierst Dich selbst nicht aus den Augen. Egal, was kommt: Du schaffst das. ❣
Auf Deine Art. In Deinem Tempo. Mit Deinem Mut. ❣

**Ein paar schlaue Sätze:**

❖ „Der Schmerz des Abschieds ist der Preis für die Liebe, die war."

❖ „Es ist okay, zu trauern. Dein Herz hat etwas Wertvolles verloren."

❖ „Liebeskummer ist ein Teil des Lebens. Er erinnert uns daran, wie tief wir fühlen können."

❖ „Du bist mehr als diese Beziehung. Deine Reise geht weiter."

Und dieser Satz hat für mich eine tiefere Bedeutung:

*„Das Ende einer Liebe ist nicht das Ende Deiner Geschichte."*

# Die Trennung

Wenn man ein Dating-Buch schreibt, kommt man um das Wort „Trennung" nicht herum, denn wer datet, hat entweder Erfolg oder Misserfolg – die Trennung.

Allerdings ist nicht jede Trennung ein Misserfolg, sondern sie kann auch definitiv ein Erfolg sein! ☺

Wikipedia (27.11.24) sagt dazu: „Unter einer **Trennung** versteht man die Beendigung einer Liebesbeziehung oder Partnerschaft, insbesondere den Abbruch des bis dahin bestehenden, für romantische Beziehungen grundlegenden emotional und sexuell intimen Umgangs der Partner, unabhängig davon, ob diese bis zum Trennungszeitpunkt einen gemeinsamen Haushalt geführt haben oder verheiratet waren oder keines der beiden. Ein Beziehungsabbruch erfolgt entweder auf der Grundlage eines einvernehmlichen Willensaktes beider Partner oder – weitaus öfter – durch den Willensakt *eines* der Partner.

Der Partner, der die Beziehung beendet, ist meist auch derjenige, der die Trennung besser verkraftet; als der verlassene Partner, so macht auch der trennungswillige Partner Trauer durch, jedoch zu einem früheren Zeitpunkt, sodass er hier einen Vorsprung gewinnt. Früher als der Verlassene hat er Gelegenheit, eine negative Version der gemeinsamen Geschichte zu konstruieren, die ihm hilft, die Bindung an den Partner schrittweise abzubauen."

So viel zur Theorie!

Meistens sind Trennungen mit Schmerz verbunden. Und um diese geht es mir hier (Alle, die sich glücklich getrennt haben, beglückwünsche ich – auch mich! ☺).

Dass man sich bei einer unglücklichen Trennung schlecht fühlt, ist selbstredend.

**Und klar ist auch, dass rein „theoretisch" sogar dann eine kleine Trennung vorliegt, wenn man sich gedatet hat und beschließt, sich nicht mehr zu sehen. Denn auch dies hat einige der Attribute, die eine feste Beziehung hat: man hatte vielleicht Träume und Hoffnungen auf den Partner gesetzt und wurde enttäuscht.**

Für mich war es in meiner Datingzeit sowieso oft das Trennen von Träumen, was mich manchmal mehr belastet hat, als das Trennen von dem jeweiligen Partner. Man erhofft sich doch so Einiges und blickt in der ersten Begeisterung so erwartungsvoll in die Zukunft! Wenn es sich dann, egal wie schnell, herausstellt, dass es mit diesem Partner nichts werden wird, sterben ja auch diese Sehnsüchte mit der Trennung mit.

Wenn man selbst der Trennende ist, ist man sich zwar meistens recht sicher, dass diese eigenen Träume mit dem potenziellen Date nicht vereinbar sind und trotzdem kann es dann noch wehtun.

Auch als mein Mann verstorben ist, war neben der Trauer um IHN auch die Trauer um den Verlust des gemeinsamen Erlebens und unserer Wünsche und Träume für die Zukunft enorm schmerzhaft – im Grunde sind meine gemeinsamen Zukunftspläne mit ihm zusammen gestorben. Und so ähnlich verhält es sich auch bei einer Trennung. Natürlich kann man viele Träume noch selbst und alleine verwirklichen und sollte das auch tun, aber die GEMEINSAMEN Wunschvorstellungen sind dann einfach vorbei. Das muss man auch erst einmal verkraften.

Oder gut gemeinte Ratschläge, wie: „Du findest bald wieder einen neuen Partner!", sind dann nicht hilfreich – denn sie lösen das Problem natürlich nicht und wissen kann es niemand. **Wieder einmal kann man nur hoffen und das raubt beim Daten auch so enorm viel Kraft. Immer und immer wieder ist man auf der Ebene des Hoffens, der Erwartungshaltung und des Wünschens.**

Dies mehrfach enttäuscht zu bekommen, kann auf Dauer sehr schmerzhaft, ernüchternd und auch demotivierend sein.

Die Trennungen nach den Dates sind zwar wie beschrieben ebenfalls sehr schmerzhaft oder können es sein, aber die Trennungen nach jahrelangen Beziehungen sind oft nochmals schlimmer. Denn häufig hängt noch mehr daran: vielleicht hatte man schon eine gemeinsame Wohnung oder gar Kinder oder ein geliebtes Haustier, die dann ebenfalls von einer Trennung betroffen sind. Hier geht es dann oft um Existenzen und das Drama beginnt.

Je nach Beziehungsqualität während der Paarbeziehung verläuft dann dementsprechend die letzte Phase: entweder völlig außer Kontrolle oder in einem guten Eivernehmen. Denn ein Paarkonflikt beschreibt ja die Interaktion zwischen Paaren, die von Gegensätzen gekennzeichnet ist und betrifft die Ursachen und die Art der Konfliktlösung.

Wenn die Bindung an den Partner sehr stark war, ist die Lösung insbesondere für den verlassenen Partner oft sehr schwierig; eine *vollständige* Lösung ist dann unter Umständen auch nach Verstreichen von viel Zeit nicht zu erreichen. Ein Aufrechterhalten des Kontakts über die Trennung hinaus gelingt am ehesten solchen Paaren, deren Problembelastung gering war. Allerdings kann es zum Schluss trotz allem auch sehr hochkochen.

Die Beziehung oder der Kontakt zum ehemaligen Partner gelingen am besten, wenn die Trennung einvernehmlich ist.

## Krisen

Eine **Krise** (lateinisch *Crisis*) ist im Allgemeinen ein Höhepunkt oder Wendepunkt einer gefährlichen Konfliktentwicklung dem eine massive und problematische Störung über einen gewissen Zeitraum vorausging. Der positive Aspekt einer Krise ist immer, dass es Möglichkeiten und Chancen zur Veränderung gibt. So bietet die mit dem Wendepunkt verknüpfte Entscheidungssituation in der Regel auch gute Gelegenheiten zur Lösung der Konflikte, aber es kann sich natürlich leider auch so entwickeln, dass es zu einer Verschärfung führt.

Endet die Krise nicht, wird sie automatisch zu einer Katastrophe, da dann offensichtlich keine Möglichkeiten der Entschärfung mehr bestehen.

Während einer Krise in einer Partnerschaft ist eine **gute Kommunikation** äußerst wichtig, sowie sehr feines **Fingerspitzengefühl und gegenseitiger Respekt**. Das ist mitten im Drama sicherlich nicht einfach, aber wenn diese einfachen Regeln nicht eingehalten werden, wird die Krise unweigerlich schlimmer, was die beiden Personen von einem guten Ausgang und vor allem voneinander sehr weit wegbringt.

Das Schwierige ist, dass eine Krise zu einer Verengung der Wahrnehmung, der Wertesysteme sowie der Handlungs- und Problemlösungsfähigkeiten führt und somit oft in einer Sackgasse endet. **Eine Krise stellt bisherige Erfahrungen, Normen, Werte, Ziele und gar die Liebe in Frage und hat somit meistens einen bedrohlichen Charakter.**

Mein TIPP ist immer, von Anfang an der Beziehung eine gute Kommunikation zu pflegen, denn diese hilft nicht nur in guten Zeiten beim gemeinsamen Erleben, sondern auch in schlechten Zeiten beim Meistern dieser. Wenn man es gewohnt ist, mit dem Partner alles besprechen zu können, kann man manche Krisen schon im Keim ersticken.

Bei einer ausgewachsenen Krise funktioniert das dann meistens so gar nicht mehr und somit verlässt man auch automatisch die liebevoll respektvolle Ebene und endet in Anschuldigungen und im Drama.

Meistens hilft es, wenn man sich mit Freunden austauschen kann, andere Perspektiven aufgezeigt zu bekommen und im Gespräch mit Nahestehenden auch seine Gedanken sortieren zu können.

Auf keinen Fall sollte man sich scheuen, auch professionelle Hilfe in Anspruch zu nehmen. Ein guter Psychotherapeut, Berater oder Coach können wahre Wunder bewirken, ebenso wie auch ein Mediator, der gemeinsam mit dem Paar spricht (wie auch Paar-Therapeuten).

✓ **Hilfe anzunehmen ist nicht feige oder schwach, sondern eine große Stärke, ein JA zu sich selbst!**

### Positives sehen inmitten einer Krise

Positiv gesehen, können in Krisen neue Fähigkeiten entdeckt oder „wiederbelebt" werden. Ein populäres Beispiel ist eine künstlerische Arbeit, durch die sich die Betroffenen ausdrücken können. Unter anderem geschieht dies durch Musik, wie zum Beispiel in Herbert Grönemeyers Single „Mensch" zur Verarbeitung des Todes seiner Frau.

Natürlich kann sich nicht jeder auf solch eine Art und Weise ausdrücken oder guttun, aber vielleicht ist ein längst vergessenes Hobby nun wieder interessant. Manchmal sind auch Dinge während einer Beziehung eingeschlafen, auf die man dem Partner zuliebe verzichtet oder sie vernachlässigt hat. NUN ist die Chance da, sie wieder aufleben zu lassen und sich neuen Dingen zu widmen.

Natürlich ist es sehr schwer, mitten im Drama etwas Positives zu sehen und das ist auch gar nicht unser Ziel. Das Ziel darf es sein, sich mitten im Stress auch den Blick für das Gute in unserem Leben zu bewahren und es wahrzunehmen, zu sehen. So schlimm eine Trennung ist – vielleicht hilft uns ein guter Freund, eine liebe Freundin und stehen uns liebevoll zur Seite!

Dafür dürfen wir dankbar sein und auch wirklich erkennen, wie wertvoll diese Unterstützung ist.

Ich halte diesen Perspektivwechsel, den man in einer ruhigen Minute auch mitten im Drama üben kann, für sehr wichtig. Denn dann sind wir nicht nur im Schmerz, der Wut oder Verzweiflung gefangen, sondern sehen auch das, was uns ausmacht: unsere Stärken, unsere unglaubliche Kraft und auch unsere Zuversicht. Wir sehen unseren MUT und all das, was uns gerade das Leben schön macht – neben dem schrecklichen Trennungs-Kram! Trotz Trauer und Wut lernen wir so, uns selbst nicht zu verlieren.

**Wir lernen, wieder an uns selbst zu glauben, weil wir schon soooo viel geschafft haben und immer wieder aufgestanden sind. Das dürfen wir uns definitiv immer wieder sagen.**

Wenn Du magst, dann mache Dir eine Liste mit all Deinen Stärken, mit Deinen Interessen, Neigungen und Wünschen; mit all dem, was Du kannst, was Dich ausmacht und besinne Dich darauf.

Auf dieser Liste darf auch stehen, was Du in Zukunft (zum Beispiel NACH der Trennung) alles verändern möchtest. Wenn Du ausziehen musst, kannst Du Dich auf Deine neue Wohnung freuen, die Du Dir im Rahmen Deiner Möglichkeiten so gestalten kannst, wie DU möchtest. Wenn Du in den gemeinsamen vier Wänden bleibst und der Partner auszieht, kannst du auch hier einiges verändern. Das ändert natürlich nichts an der Trauer an sich, aber es verändert den Blickwinkel.

✓ **Aus jeder Situation das BESTE zu machen, das könnte Dein Motto sein!**

Ich habe das tatsächlich praktiziert: nach der Scheidung von meinem ersten Mann zum ersten Mal und nach dem Tod meines seelenverwandten zweiten Mannes ebenso. Die Trauer wurde nicht kleiner, als ich umgebaut und renoviert habe, zumal ich viele seiner Sachen ja noch entsorgen musste. ABER: ich hatte eine neue Aufgabe, war auf sinnvolle Weise abgelenkt und konnte sozusagen innerlich und äußerlich aufräumen… Das tat unglaublich gut und ich kann es wirklich jedem raten, der Ähnliches erleben muss.

Man kann sich wieder seiner Hobbies entsinnen und sie direkt mit auf die Wunschliste auflisten.

Selbstverständlich erlebt jeder eine Trennung sehr individuell verschieden und es gibt keine pauschalen Ratschläge. Manchmal sind Kinder mit im Spiel, Haustiere, Eigentumsverhältnisse müssen geklärt werden, und und und…

**Aber in jeder noch so unterschiedlichen Situation bleibt uns eins gemeinsam: wir wissen, dass es nicht gut ist aufzugeben. Also geben wir einfach unser Bestes.**

Und auch hier appelliere ich wieder daran, sich gerne Unterstützung in Form von Therapeuten und ähnlich geschulten Menschen zu suchen.

➢ **Trennung, auch wenn sie noch so einvernehmlich verläuft, hinterlässt Spuren!**

Tiefe und manchmal auch verändernde Spuren. Trennungen verursachen Ängste oder holen sie wieder hervor und manch einer leidet auch unter Existenzängsten! Das muss man nicht kleinreden, denn Trennungen sind nie einfach und es ist ja nicht nur die Trennung an sich, sondern auch schon die schwierige Zeit davor (und eventuell auch danach).

Denn vor einer Trennung gab es ja augenscheinlich heftige Probleme in der Beziehung, die dann irgendwann nicht mehr gelöst werden konnten und dann zur Trennung führten.

Die Zeit der Probleme ist verknüpft mit Hoffnungen und aber auch mit tiefer Verletzung und Verzweiflung. Das macht etwas mit uns. Das kann man nicht mit „links" wegstecken – selbst der Stärkste nicht! Man kann lernen, dabei nicht unterzugehen, man kann sich in Gelassenheit üben und wirklich lernen, den Fokus auch auf das Schöne in unserem Leben zu richten. ABER: diese tiefen Emotionen können extrem existenziell sein, sie können das Lebensfundament zum Wackeln oder Einstürzen bringen, sie können uns auf den Kopf stellen, unser Leben völlig umkrempeln und auch Gefühle in uns hervorholen, von denen wir noch nicht einmal ahnten, dass wir sie haben. Natürlich macht das was mit uns.

**Jetzt kommt aber mein persönliches „ABER", denn wir haben immer eine Wahl! Die eine Wahl unterzugehen oder die andere Wahl, wieder aufzustehen (und das Krönchen zu richten).**

Es ist ein Segen, dass wir diese Wahl haben – das dürfen wir uns immer wieder sehr bewusst machen.

Ich habe diese Wahlmöglichkeit schon sehr früh in meinem Leben begreifen müssen und besonders, als ich 1994 meine MS-Diagnose bekam: Untergehen?

Mich den Symptomen der MS ergeben?

NIEMALS!

Sondern ihr die Stirn zu bieten – das wurde mein Motto. Aus allem das Beste zu machen. Auch bei meiner Scheidung half mir dieser Gedanke, eine Wahl zu haben, sehr. Auch wenn ich die Scheidung wollte – einfach ist es nie und mit zwei Kindern und einem damals noch nicht abbezahlten Haus, samt Multipler Sklerose im Gepäck: kein Sonnenschein. Aber ich schaffte es, weil ich es wollte und nach vorne schaute.

Der Tod und die lange Sterbebegleitung meines zweiten Mannes waren eine ganz besondere Herausforderung. Alle Emotionen der Welt begegneten mir, begruben mich teilweise und erschütterten mich. Diese Zeit als „einfach" zu beschrieben, wäre nicht die Wahrheit. Es war die Hölle.

Und doch habe ich sie aufgrund meiner jahrelang erlernten und erprobten <u>Resilienz</u> überstanden. Klar, mit Blessuren, mit viel Schmerz und Wehmut in mir, aber ich bin auch tatsächlich daran gewachsen. Diese Stärke und das Bewusstsein, was ich (und jeder) schaffen kann, das ist mir geblieben und hat mich ungemein gestärkt. Es hat mir gezeigt, was man mit einem liebevollen Willen alles meistern kann und es hat mir auch gezeigt, dass es völlig in Ordnung ist, auch einmal unterzugehen, sich die Decke über den Kopf ziehen und niemals mehr auftauchen zu wollen. Es ist ok zu weinen, zu schreien, zu verzweifeln und den Schmerz so tief zu spüren, dass man meint, ihn nicht überwinden zu können. Das alles ist völlig ok!

Auch Wut aufs Leben zu haben und sich zu fragen: „Warum WIR???". All das ist OK! Denn das gehört zu einem Trauer- und Trennungsschmerz dazu.

Für mich war es immer wieder nur sehr wichtig, aus diesem tiefen Loch wieder herauszukommen. Zum Glück hatte ich unglaublich viel liebevolle Hilfe von Familie und Freunden. Aber ich habe mir auch professionelle Hilfe bei einer Heilpraktikerin /psych. gesucht und das hat mir so sehr gutgetan.

Hilfe anzunehmen kann überlebenswichtig sein und dabei ist es egal, ob wir sie irgendwann zurückzahlen können (was uns ja in solchen Momenten oft im Kopf herumschwirrt). Man darf sich sagen, dass es völlig OK ist, dass es Menschen gibt, die uneingeschränkt und selbstlos helfen möchten und dass wir dies einfach annehmen dürfen.

Ich schreibe das so ausführlich, um Dir zu zeigen, dass all solche Emotionen normal sind, dazugehören und auch ausgelebt werden dürfen.

### Trennung ist Verlust!

Und Verlust ist immer schmerzhaft, weil uns etwas genommen wurde, das wir liebten. Auch wenn wir die Trennenden sind, trennen wir uns von etwas, das uns einmal viel bedeutete. Und wie schon beschrieben, trennen wir uns damit auch von Wünschen, Träumen und Hoffnungen – und das tut weh!!!

✓ Und tatsächlich ist es so, dass beim Trennungsschmerz im Gehirn dieselben Areale aktiv sind, wie bei physischem Schmerz! Das heißt, niemand von uns bildet sich seine Schmerzen ein. Ebenso wurden in Studien eine hohe Ausschüttung von Stresshormonen, Cortisol und Adrenalin nachgewiesen. Also auch auf rein körperlicher Ebene ist Trennungsschmerz nachweisbar!

✓ Deshalb sind Folgen wie Depressionen auch nicht selten.

**Es geht wie schon beschrieben bei einer Trennung nicht nur um den Verlust des Partners, sondern auch um den Verlust unseres Lebens und zwar so wie es war:**
Unser gewohnter (ob geliebter oder gehasster, aber gewohnter!) Alltag, unsere Rituale und Traditionen, unsere Absprachen, oder auch um die gewohnte Abend- und Wochenendgestaltung. Selbst das Thema FREUNDE kommt nun hoch: Wer hält zu wem? Mit wem bleibe ich eng verbunden, mit wem nicht? Sehe ich sie nun noch so oft und ist es für sie ok, dass ich nun Single (und kein Paar mehr) bin? **Das heißt also, dass unser gesamtes Leben, wie wir es kannten (und liebten), läuft nicht mehr weiter wie zuvor und muss erst wieder neu erfunden und gestaltet werden.** Auch das kostet enorm viel Kraft und Energie, die man doch gerade gar nicht mehr zu haben scheint.

Manchmal verliert man durch eine Trennung auch seine „Schwiegereltern", die man so mochte und es stellt sich die Frage, ob man sich jemals wiedersehen wird, wie sie damit umgehen werden. (Oder man ist froh, wenn man sie nun nicht mehr sehen muss ☺).

Das heißt also: Trennungen betreffen niemals nur eine Person oder die beiden Partner. Auch das muss verkraftet werden.

> ➤ Und plötzlich wird uns klar: alles ändert sich!

Und klar ist auch:

**Wenn das alte Leben stirbt, ist Trauer mehr als angemessen!**

**Ja, alles ändert sich, aber das Wort „ändern" hat erst einmal keine Wertung.** Denn es kann sich sowohl positiv, als auch negativ etwas verändern. Und wenn eines im Leben sicher ist, dann, dass nichts bleibt wie es ist! Leben ist Veränderung und es gehören sowohl Licht und Schatten dazu, wie auch Lachen und Weinen.

Aber das Gute an dieser stetigen Veränderung im Leben und dass nichts bleibt wie es ist, ist, **dass auch der Trennungsschmerz nicht bleibt.**

Natürlich ist das Trauern ein langwieriger Prozess und die Schmerzen verschwinden nicht einfach. Ich mag auch den Satz: „Zeit heilt alle Wunden!" nicht so sehr, aber doch ist etwas dran. Mit der Zeit kommt Veränderung und das kann heilsam wirken. Und wenn wir uns klarmachen, was wir in unserem Leben schon so unendlich viel geschafft haben, wie beispielsweise enorme Umbrüche, ungewollte Veränderungen und weitere Verluste (oder früheren Liebeskummer), Abschiede, Umzüge und vieles mehr, dann wird uns klar, dass wir immer noch hier sind: dass wir nicht „gestorben" sind, dass wir immer weitergemacht haben und all das erlebte Leid überstanden haben!

**Und nun mache Dir klar: „Ich habe diese schrecklichen Situationen ÜBERWUNDEN!"**

**JA, ich habe es geschafft! Macht das nicht Mut, wieder etwas zu überwinden oder sogar gestärkt daraus hervorzugehen?**

Manchmal hilft es, wenn man sich daran erinnert, was man schon geschafft hat und wie man diese Situation heute erlebt – im Rückblick. So kann man sich auch fragen wie man die jetzige Situation von heute in 20 Jahren rückblickend sehen wird!

Der Rat, dass man seine jeweiligen Probleme mal von außen betrachten sollte - so, als sei man ein Freund und nicht man selbst - ist auch hier wirkungsvoll und man bekommt automatisch etwas Abstand und Vieles sortiert sich neu und die Perspektive kann sich verändern.

Wie würde Dein heutiges SELBST mit einer Situation von vor 10 oder 20 Jahren umgehen? Wie viel hast Du dazugelernt und wie wirst Du in 10 oder 20 Jahren die heutige Trennung betrachten?

In meinem Kapitel „Selbstliebe" gehe ich darauf ein, wie wichtig es ist, dass wir bei uns bleiben und nicht an uns zweifeln. Denn bei Trennungen kann es auch passieren, dass alte Wunden aufgerissen werden und irgendetwas Altes (Unbearbeitetes) antriggern. Manchmal ist dies dann einer der Auslöser für eine Verzweiflung, die aber tiefer liegt. Deshalb kann es auch passieren, dass wir die Trennung als Angriff auf unseren Selbstwert erleben. Psychologisch gesehen passiert dies, weil die momentane Situation einen Gefühlszustand aktiviert, dessen Entstehung aber in schmerzhaften Erfahrungen in der Kindheit liegt. Das bedeutet, es können viele „Triggerpoints" zusammentreffen und leider auch alte Glaubenssätze bedienen und verschüttete Emotionen wieder hochholen. Aus diesem Grund ist es so wichtig, sich selbst gut zu reflektieren und zu schauen, wo diese Emotionen hingehören.

## DU

Du bist:
Einzigartig - Unverwechselbar - Du
Schön, dass es Dich gibt!
Glaube an Dich - vertraue Dir.
Nimm Dich selbst an.
Dann bist Du stark,
spürst die Kraft in Dir,
kannst auf andere zugehen
und zu Deinen Schwächen stehen.
- Udo Hahn -

## ❣ Für dich – nach einer Trennung: ❣

Ich weiß, es tut weh. Es fühlt sich an, als hätte jemand ein Stück von Dir mitgenommen. Und vielleicht fragst Du Dich gerade, wie man weitermacht, wenn das Herz so schwer ist. Aber glaub mir: Was jetzt wie ein Ende aussieht, ist vielleicht der Anfang von etwas, das Du noch nicht sehen kannst. Etwas, das mit Dir selbst zu tun hat – mit Deiner Stärke, Deinem Mut und Wachstum, Deinem Licht. ❣

Du hast geliebt. Ehrlich. Tief. Mutig.

Und auch wenn es weh tut: Das war kein Fehler. Es zeigt, wie groß Dein Herz ist. Und dieses Herz verdient es, gesehen zu werden – ganz, nicht halb. Die Leere, die Du gerade fühlst, wird sich nicht ewig leer anfühlen. Mit jedem Tag wirst Du ein bisschen mehr bei Dir ankommen. Du wirst Dich neu entdecken. Freier atmen. Klarer sehen.

Du brauchst keine Eile. Keine Antworten. Keine Schuld.

Du brauchst nur DICH – und ein kleines bisschen Geduld. Und bis Du selbst wieder daran glauben kannst, glaube ich für Dich: Du wirst wieder lieben. Du wirst wieder lachen. Du wirst wieder leuchten. Und vielleicht sogar heller als je zuvor. ❣ ❣ ❣

# Vertrauen

Und ich verstehe auch, wenn sich nach einer Trennung jemand sagt, dass er sich nie wieder jemandem öffnen kann. Denn das, was man erlebt hat, hinterlässt wie gesagt Spuren und das Vertrauen, dass es bei der nächsten Beziehung anders sein könnte, mag geschwunden sein.

Ich bin ja ein absoluter Optimist und habe immer wieder dieses Vertrauen gehabt, bis mir das viele Daten mit den unterschiedlichsten „kaputten Charakteren" so zugesetzt hat, dass ich dringend eine Auszeit, mein Dating-Fasten", brauchte und es mir damit immer noch wunderbar geht. Kurz hatte ich dieses Vertrauen auch verloren, aber ich möchte es nicht aufgeben, denn es könnte ja auch irgendwann einmal der Richtige dabei sein! ☺

Es ist wichtig, wenn man spürt, dass man das Vertrauen verloren hat, **sich selbst gut zu reflektieren**. Was genau steckt dahinter? Ängste, echter Vertrauensverlust, Panik, Schuldgefühle und und und????

Es ist deshalb so wichtig, weil man dann sortieren kann, was man selbst dringend braucht im Moment.... Auf allen Ebenen.... Und es ist so wichtig, weil man dann resultieren kann, wie man weiter vorangehen möchte. Sind es ernsthafte Blockaden, die uns zurückweichen lassen, dann könnte eine Beziehungs-Angst entstehen, die wiederum einem Beziehungs-Wunsch im Wege stünde. Diese Analyse ist also in solch einem Fall notwendig, um uns nicht zu blockieren und nicht in die Negativ-Spirale zu versetzen.

Denn der oft ambivalente Wunsch nach Beziehung und die gleichzeitige Angst davor, sind kein gutes Paar und würden selbst den Anfang in einer neuen Beziehung schwierig machen.

# Vertrauen

Vertrauen ist ein leiser Klang,
der nicht nach großen Worten drängt.
Ein Blick, der sagt: ‚Ich seh dich ganz',
ein Schweigen, das Verbindung schenkt.

Es wächst nicht schnell, doch still und tief,
aus Ehrlichkeit und Zuversicht.
und bricht – wenn man es es bricht.

Es fragt nicht laut, doch hofft es sehr,
dass jemand bleibt, auch wenn man fällt
Es trägt dein Herz, macht es nicht schwer –
und hält dich sanft in dieser Welt.

(KI-generiert)

**Was ist Vertrauen?**

Vertrauen ist das Gefühl von Sicherheit – ohne Beweise.
Vertrauen ist der Mut, sich zu öffnen, obwohl man weiß, dass man verletzt werden könnte.
Vertrauen ist das leise "Ich glaube Dir", das tief aus dem Herzen kommt.
Vertrauen entsteht nicht auf Knopfdruck – es wächst. Langsam. Mit Ehrlichkeit. Mit Verlässlichkeit. Mit kleinen, echten Momenten.

**Wie entsteht Vertrauen?**

• Durch Ehrlichkeit, auch wenn es mal unangenehm ist.
• Durch Wiederholungen: Nicht nur einmal da sein, sondern immer wieder.
• Durch aktives Zuhören: Wirklich präsent sein, ohne zu urteilen.
• Durch Integrität: Tun, was man sagt. Und sagen, was man meint.

Vertrauen wächst in der Stille. In Blicken. In der Art, wie man mit jemandem spricht, auch wenn man wütend ist. In den Dingen, die man nicht muss, aber trotzdem tut.

### Was passiert, wenn Vertrauen gebrochen wird?

Dann zerbricht nicht nur die Verbindung, sondern oft auch ein Stück vom inneren Gefühl von Sicherheit. Misstrauen wächst wie Unkraut – überall. Und manchmal ist es schwer, den Unterschied zu sehen: Ob man anderen nicht traut – oder sich selbst nicht mehr. Aber Vertrauen kann heilen. Es braucht Geduld. Ehrlichkeit. Und manchmal auch Mut, es wieder zuzulassen.

> ➤ Vertrauen beginnt bei Dir selbst. Wenn Du Dir selbst nicht vertraust, wird es schwer, es in anderen zu finden. Aber je mehr Du Dich reflektierst und gut kennenlernst und auf Deine Grenzen achtest, sowie Deine Bedürfnisse ernstnimmst – desto klarer wird auch, wem Du Dein Vertrauen schenken möchtest - und wem nicht.

*„Vertrauen ist nicht laut.*
*Es schreit nicht nach Aufmerksamkeit.*
*Es zeigt sich in kleinen Momenten – in Ehrlichkeit,*
*in Präsenz, in dem Mut, echt zu sein*
*– auch dann, wenn's weh tut."*

# Loslassen

**Noch ein wichtiges Thema ist das Loslassen nach einer Trennung.**

Ist die Trennung unwiderruflich, klar und deutlich, ist es bedeutend für das eigene Ich, sich im Loslassen zu üben. Das krampfhafte Festhalten an dem Partner, an der Ehe oder der Situation ist nie hilfreich. Es kann sogar noch zu mehr Konflikten führen.

**Eine Trennung ist auch eine Form der *Teilung*. Aufteilung. Auseinander. Weg voneinander.**

Es gibt ja die unterschiedlichsten Formen der Trennung. Das Verlassenwerden ist meist die schmerzhafteste Form für den Betroffenen. Aber auch hier ist es wichtig, erst einmal, wenn die Trennung ausgesprochen/vollzogen ist, einen klaren Schlussstrich zu ziehen und sich auch gedanklich zu trennen. Den Partner zu stalken, bei andern schlechtzumachen (das kann auch schnell zu „übler Nachrede" werden), oder ihn mit Textnachrichten und so weiter zu bombardieren, ist meist völlig sinnfrei und lässt den anderen noch heftiger reagieren, bis hin zum Blockieren auf allen Kanälen.

**Loszulassen ist nicht einfach, aber es ist notwendig, um wieder Ruhe in die Situation und somit auch ins eigene Herz zu bringen.**

Liebeskummer zu haben ist ein normaler Bestandteil bei einer Trennung und wie heftig dieser Schmerz ist, werden schon viele Menschen erfahren haben. Und wie schon beschrieben, macht das auch etwas mit uns. Aber krampfhaft an einer ausweglosen Situation festzuhalten, kann solch eine Situation weder beruhigen, noch den Partner zurückbringen. Es verschärft die ohnehin schon sehr angespannte Situation.

Im Kapitel „Liebeskummer" und „Trennungen" habe ich darüber ja auch schon geschrieben.

**Fazit:**

Trennungen und Verluste sind schlimm, weil sie uns etwas nehmen, das wir geliebt haben.

Dass wir dadurch mit zahlreichen Emotionen überflutet werden, ist selbstverständlich.

Trauer ist die Ambivalenz zwischen dem, was passiert ist und dem was wir denken und hoffen. Um dies überwinden zu können, müssen wir in die „Akzeptanz" kommen.

Dazu findest Du im Kapitel „Akzeptanz" noch ein paar Infos und Tipps.

Aus allem das Beste zu machen darf nun unser neues Motto werden! ☺

## Wenn es Zeit ist, loszulassen

Man sagt, Loslassen sei eine Entscheidung.
Aber oft fühlt es sich mehr wie ein Prozess an.
Langsam, widersprüchlich, manchmal schmerzhaft.
Wie das Lösen eines Knotens, der lange fest in Deinem Inneren lag. Du hast geliebt.
Du hast gehofft.
Du hast geglaubt, dass es vielleicht reicht. Und das allein war schon mutig!
Denn echte Nähe zuzulassen – das ist nie leicht.
Jetzt stehst Du da mit einer Mischung aus Leere, Wut, Trauer und Erinnerungen, die sich manchmal anfühlen wie ein bittersüßer Film.
Aber das Loslassen bedeutet nicht, dass Du vergisst.
Es bedeutet, dass Du anerkennst:
Manches darf Teil Deiner Vergangenheit sein,
ohne Dich an Deine Zukunft zu binden.
Du musst nicht sofort okay sein.
Du darfst vermissen.
Du darfst zweifeln.
Und trotzdem – mit jedem Tag, den Du durchstehst,
wächst etwas in Dir:
Freiheit. Klarheit. Selbstrespekt.
Loslassen heißt auch, Dich selbst zurückzuholen.
Das, was Du gegeben hast.
Das, was Du geopfert hast.
Das, was Du vielleicht vergessen hast zu schützen: DICH!

Und irgendwann wirst Du merken:
Du brauchst niemanden, um vollständig zu sein.
Du warst es immer schon. ❥

# SEX und Daten

Intimität

und Leidenschaft

entstehen nicht durch

das Fehlen von Kleidung,

sondern wenn wir es wagen,

unsere Seele zu entblößen.

**Oh-ha, das große Thema Sex!**

Sexualität ist ja sowieso so ein Thema für sich! Leider oft auch ein Tabu-Thema!

Sex und Dating sind nochmal ein besonderes Thema.

Vielen Datenden geht es hauptsächlich um Sex und manchmal kann man das schon (fairer Weise) auf dem entsprechenden Profil deutlich herauslesen; manchmal scheint es gar keine Rolle zu spielen und wird dann aber beim ersten Treffen eindeutig klar!

Für mich ist es so, dass Sex / Intimität zu einer Beziehung dazugehören. Darüber habe ich ein ganzes Buch verfasst: **INTIMITÄT ist mehr als Sex: Tipps und Infos - auch für chronisch Kranke**

(https://www.amazon.de/INTIMIT%C3%84T-ist-mehr-als-Sex/dp/3755758911/ref=sr_1_1?__mk_de_DE=%C3%85M%C3%85%C5%BD%C3%95%C3%91&crid=8JZ9XM10 TL9D&dib=eyJ2IjoiMSJ9.2BoHX3IzlDAR2-zT54UQbw.TNLT_4R9H8niiPfUD_QFhqNsovz6agR5lMPxbGHLV84&dib_tag=se&keywords=heike+f%C3%BChr+ intimit%C3%A4t&qid=1726483415&sprefix=heike+f%C3%BChr+intimit%C3%A4t%2Caps%2C90&sr=8-1)

Auf Anmachen, wie „Ich kann Dich verwöhnen", kann ich definitiv verzichten und auch beim ersten Anschreiben schon eindeutige sexuelle Anspielungen sind für mich ein No-Go!

Leider erleben solche Anmachen viele Frauen und auch Männer (was bei den einen die „Penisbilder" sind, sind bei den anderen die „Brustbilder"). Wer sich auf einem solchen Niveau aufhält, sollte andere Online-Portale nutzen.

Und doch passiert es. Und auch hier kommt es wieder individuell darauf an, was solches Anmachen und/oder Fotos mit einem machen. Mich beeindruckt das absolut nicht und ich quittiere das mit einem Blockieren der Person.

Warum das manche Menschen brauchen, wird sich mir für immer verschließen - und ich will es auch gar nicht wissen! ☺

Beim Daten gibt es auch diesbezüglich sehr große Unterschiede, wie ich auch in den vielen Interviews herausfand. Manche Männer versuchen schon beim ersten Date möglichst mit der Partnerin im Bett zu landen, andere lassen sich etwas mehr Zeit, wieder andere lassen sich so viel Zeit, dass das auch schon wieder komisch wirkt. Ich habe da die wildesten Geschichten gehört!

Wichtig ist, dass man sich selbst Gedanken macht, was man wie und wann möchte.

Wenn man sich selbst treu bleibt, dann kann das auch klappen. Ich persönlich habe zum Glück bis jetzt noch keinen Mann erlebt, der mit einem NEIN nicht umgehen konnte, aber auch da gibt es offensichtlich gehörige Unterschiede.

Für mich gilt der Satz, den meine Freundin prägte, sehr wichtig: **„Mein Körper ist mein Tempel und der Zugang muss sich erarbeitet werden!"**

Mittlerweile ist es mir auch sehr suspekt, wenn gleich beim ersten Treffen schon Zärtlichkeiten eingefordert werden. Aber das kann jeder halten, wie er es mag und wie es passt. Da gibt es keine Regeln und unter Erwachsenen gehe ich von einem autonomen eigenverantwortlichen Verhalten aus.

### Sex: Wenn es nicht mehr so klappt

Ich möchte kurz auf das Thema Sexualität im Alter eingehen. Beziehungsweise auf das Thema, dass es sexuell auf Anhieb „nicht klappen" könnte.

Viele Männer definieren sich ja über ihre Sexualität und wenn sie vielleicht sexuell nicht mehr so leistungsfähig wie früher sind, kann das tatsächlich Identitätskrisen auslösen.

Wenn man datet, weiß man ja erst einmal gar nicht, was aus der Beziehung wird, wann man und ob man Sex haben wird. Sollte der Moment gekommen sein, in dem man gerne zärtlich mit dem Partner*in werden möchte, dann ist dies oft ein großer Schritt und auch da habe ich in meinen Interviews viele unterschiedliche Geschichten gehört. Jeder wünscht sich natürlich eine gut funktionierende Sexualität. Aber zu dem „Gut-Funktionieren" gehören ja auch immer zwei Personen und die innere Einstellung. Deshalb wählte ich für mein Buch auch den Titel **„INTIMITÄT ist mehr als Sex!".**

Gerade bei diesem Thema ist eine gute Kommunikation wichtig. Nicht unbedingt beim ersten Anschreiben ☺, aber wenn man spürt, dass die Beziehung enger wird, dann kann es hilfreich sein, das Thema im Vorfeld anzusprechen. Gerade die Ü-50-Männer-Fraktion hat altersbedingt oft mit erektiler Dysfunktion zu tun. Wenn man das vorher ehrlich anspricht, finden sich immer Wege und Mittel eine befriedigende Sexualität zu leben.

# Intimität:

Die Erotik ist eine wunderbare Sprache, in der Menschen miteinander kommunizieren können. Intimität ist deshalb weit mehr als Sex.

Ein kleiner Ausschnitt aus meinem Buch, da es mir wichtig ist, einen guten Umgang mit dem Thema Sexualität zu bekommen, um eventuellen Schwierigkeiten mit Würde und Wertschätzung begegnen zu können:

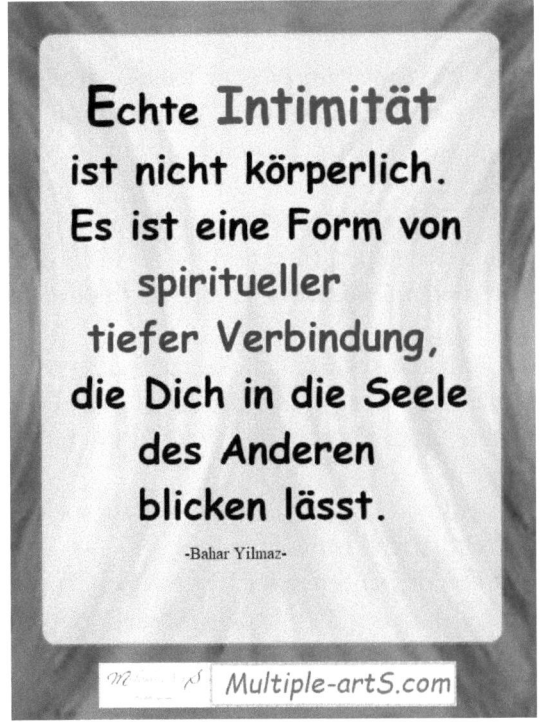

Echte **Intimität** ist nicht körperlich. Es ist eine Form von spiritueller tiefer Verbindung, die Dich in die Seele des Anderen blicken lässt.

-Bahar Yilmaz-

Multiple-artS.com

„Intimität ist einfach mehr als Sex –
Beides schließt sich nicht aus, beides ist gleichzeitig,
aber auch getrennt voneinander möglich.

Mein Anliegen mit diesem Buch ist:

**1.** die Aufklärung und sachliche Info, damit man sich selbst, seinen eigenen Körper und auch den des Partners in Bezug auf eventuelle „Störungen" besser versteht und sich somit verständnisvoller begegnen kann.

**2.** sich selbst und dem Partner mit Achtung, Wertschätzung und Respekt zu begegnen und für sich selbst und als Paar neue Wege der Kommunikation zu finden. Kommunikation ist nicht nur „REDEN", sondern auch Körpersprache.

**3.** zu verstehen, dass INTIMITÄT nicht gleich SEX ist und dass es immer eine „Grauzone" (in diesem Falle aber eine positive Grauzone) gibt. Der reine Geschlechtsakt ist, wenn er funktioniert, sehr schön, wohltuend und sicherlich auch beziehungsfördernd, aber er ist nicht alles.

Wenn es also mit dem Sex nicht mehr klappt, liegt es auch immer am Paar, sich mit der neuen Situation zu arrangieren – wie auch immer. Und „Paar" bedeutet: **GEMEINSAM, zusammen!**

Wir müssen, um die menschliche Sexualität in ihrer Ganzheit begreifen zu können, auch das Wort „Intimität" beleuchten, da es noch einmal einen anderen Blick auf Sexualität, Beziehung und/oder Behinderung wirft.

Es gilt zu bedenken, dass je nach Kulturkreis auch eine andere Einstellung zur „öffentlichen" Intimität gehört.

**Intimität** ist ein Zustand tiefster Vertrautheit. Intimität herrscht in der Intimsphäre – einem persönlichen Bereich, der durch die Anwesenheit ausschließlich bestimmter oder keiner weiteren Personen definiert ist und Außenstehende nicht betrifft. Die Intimsphäre und damit die Intimität wird durch Indiskretion verletzt. Eine Verletzung der Intimität kann Personen seelisch labilisieren (verunsichern oder auch tief verletzen).

Besteht körperliche Nähe oder eine (meist emotionale) Berührung, spricht man von **körperlicher Intimität**. (1)

**Intimität** bedeutet Gefühlsnähe - die Fähigkeit zu intensiven zwischenmenschlichen Beziehungen und sind ein Merkmal von familiärer Erziehung, von Freundschaften und auch Cliquen.

Leider bedeutet Intimität in unserer Umgangssprache oft nur „Sexualität", was aber keine tiefe Vertrautheit bedeuten muss. Und hier kommen wir auch schon zu meinem Satz „Intimität ist mehr als Sex!". Denn tiefe Intimität kann auch ohne Sex stattfinden, weil hier die Vertrautheit, die innerliche Nähe und das Geborgensein zählen.

Es gibt demnach unterschiedliche Stufen der Intimität: sie reicht von Anwesenheit, Nähe, Blick – und Körperkontakt, der beispielsweise erst einmal nur an dem Armen stattfinden kann und dann über das Gesicht bis hin zum kompletten Körper und vor allem zur höchsten Stufe – dem Geschlechtsverkehr – führen kann.

Des Weiteren kann man die körperliche Intimität in körperliche Nähe, in emotionale körperliche Intimität und in sexuelle Intimität aufgliedern.

Einen Grund für körperliche Nähe kann es sowohl als gewollte, als auch für ungewollte Nähe geben. Gewollt ist sie sicherlich am Zielführendsten und am Schönsten. Ungewollt wäre entweder körperlicher Missbrauch (auch die Vergewaltigung) sein, oder aber auch die sogenannte „nicht zielführende ungewollte Nähe". Dementsprechend kann körperliche Nähe sowohl als unangenehm, als auch als angenehm empfunden werden.

Im Grunde möchten wir alle nur ein perfektes Leben mit dem perfekten Partner, die ganz große Liebe mit tollen Gesten und romantischen Überraschungen. Und wir haben irgendwie eine Vorstellung der Idealbeziehung.

Beim Stichwort Intimität denken die meisten Menschen zuerst an körperliche Nähe, das heißt, an die sexuelle Ebene. Aber wie bereits gesagt: Intimität zwischen Menschen gibt es aber auf mehreren Ebenen und nicht nur auf der körperlichen. Denn um sich wirklich nahe zu sein, ist auch eine emotionale und mentale Intimität nötig.

Klar ist auch: echte Intimität ist nicht die erste Verliebtheit, die man ja aus frischen Partnerschaften mit „rosaroten Wolken" kennt. Für echte emotionale Intimität muss man „arbeiten"."

**Intimität**
ist ein Zustand
tiefster Vertrautheit.
Intimität herrscht in der
Intimsphäre
– einem persönlichen Bereich,
der durch die Anwesenheit
ausschließlich bestimmter
oder keiner weiteren Personen
definiert ist und Außenstehende
nicht betrifft.

"Wikipedia.de"

# Dating-Burnout

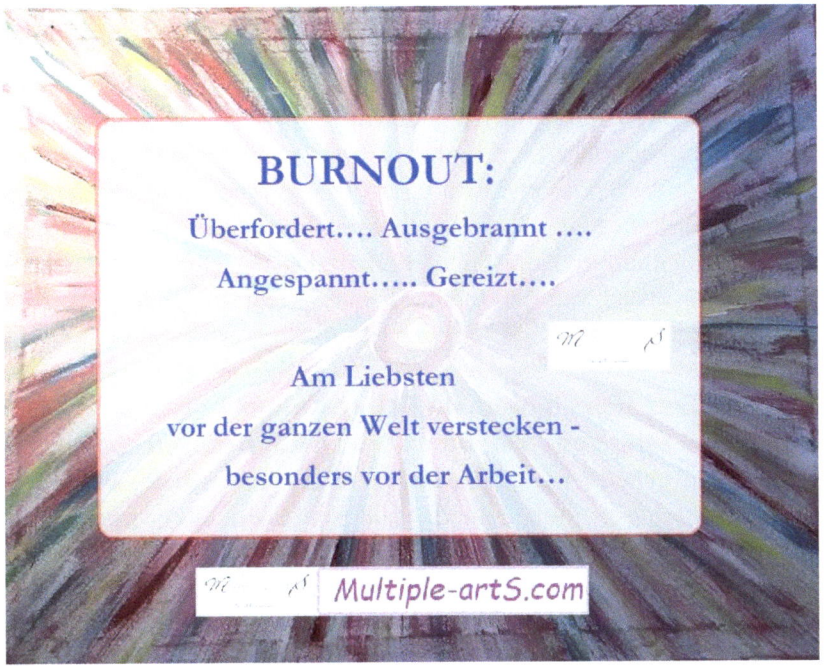

Dating-Burnout ist zwar keine eigenständige Krankheit, äußert sich aber unter anderem in emotionaler Erschöpfung, Zynismus und verminderter Leistungsfähigkeit. Betroffen sind schätzungsweise 14 Prozent der Nutzer von Dating-Plattformen.

### Was ist Dating-Burnout?

Wenn man über längere Zeit Dating-Portale nutzt, bemerkt man irgendwann wahrscheinlich Anzeichen eines Dating-Burnouts! Besonders, wenn sich das alltägliche Profil-Wischen unwichtig oder bedeutungslos oder umgekehrt wie eine Sucht anfühlt! Ein Dating-Burnout kann sich auch darin äußern, dass man keine Lust mehr hat, rechtzeitig auf Nachrichten zu antworten, dass man die Profile deutlich kritischer betrachtet und potenzielle Dates schnell abweist!

### Wie Dating-Apps die Psyche belasten können

Eine längere Nutzung von Dating-Apps kann auch dazu führen, dass man sich der eigenen Emotionen unsicher wird. Hoffnungen, Bedürfnisse und Erwartungen werden rationalisiert, der eigene Wille, etwas in das Gegenüber zu investieren, hinterfragt.

### Wann sollte man aufhören, Dating-Apps zu nutzen?

Wenn Du merkbarer verzweifelt, gleichgültig, depressiv oder gereizt bist, solltest Du in Erwägung ziehen, eine Pause von Dating-Apps einzulegen. Manchmal ist es dann sinnvoller beim Dating einen Schritt zurückzutreten und sich mehr mit sich selbst zu befassen (= Me-Time) und sich mit den reellen Freunden zu treffen.

### Wie äußert sich emotionale Erschöpfung?

Typische Symptome sind Beschwerden des Bewegungsapparats wie Schulter-, Rücken- und Nackenverspannungen. Aber auch Kopfschmerzen, eine erhöhte Infektanfälligkeit, Verdauungsprobleme sowie chronische Müdigkeit, Schlafstörungen und Konzentrationsprobleme gehen mit Erschöpfung einher. Wenn Du solche und ähnliche Symptome bei Dir bemerkst, ist es sinnvoll, wirklich in sich zu gehen und zu überlegen, woher sie kommen könnten.

Ich habe das tatsächlich so erlebt und erst als mir eine liebe Freundin etwas von einem „Dating-Burnout" erzählte, konnte ich das für mich begreifen und habe direkt mit einem Dating-Fasten von vier Wochen begonnen. Ab dem Moment der Entscheidung ging es mir sehr schnell wieder besser!

### Was ist ein emotionales Burnout?

= Emotionale Erschöpfung/ rasche Ermüdung

Negative Gefühle wie Ärger, Enttäuschung, Wut oder Ohnmacht sind vorherrschend. Schließlich entsteht ein Gefühl innerer Leere. Burnout ist immer mit emotionaler Erschöpfung verbunden.

## Macht mich Online-Dating depressiv?

Die Ablehnung, die man beim Online-Dating erfährt, kann unglaublich verletzend und schädlich für das Selbstwertgefühl einer Person sein und sich negativ auf ihre Stimmung auswirken! Das ist allgemein bekannt und oft muss man es erst selbst erlebt haben, um es auch fassen zu können.

Denn wissenschaftliche Berichte zeigen, dass man sich nach einer Online-Ablehnung fragen könnte, ob man es nicht wert sei oder: „Was habe ich getan? War es etwas, was ich gesagt habe? Was hat ihm an mir nicht gefallen?". Diese Fragen können einen Menschen je nach Selbstbewusstsein in ein tiefes Loch der Selbstzweifel oder gar Depression stürzen.

## Schädigen Dating-Apps die geistige Gesundheit?

Diese erhöhte Verfügbarkeit hat sich zwar als äußerst praktisch erwiesen, bringt jedoch auch Schattenseiten mit sich: Die häufige Nutzung von Dating-Apps wird mit einer Reihe negativer psychologischer Auswirkungen in Verbindung gebracht. Darunter fallen Gefühlszustände wie Ängste, geringes Selbstwertgefühl und Probleme mit dem eigenen Körperbild.

## Wie erholt man sich von einem Dating-Burnout?

Als mir klar wurde, dass ich unter einem Dating-Burnout leide, habe ich rigoros alle Dating-Apps auf die hinterste „Seite" meines Handys verbannt und die Pop-Ups deaktiviert, sodass völlige Ruhe herrschte. Das war so unglaublich befreiend und ich habe es tatsächlich auch vier Wochen lang durchgehalten! Und sogar vor Ende der vier Wochen alle Apps unwiderruflich gelöscht!!!

Aber man kann es auch so organisieren, dass man die übliche Verabredungsroutine ändert, bei der Auswahl der Kontakte wählerischer (oder weniger wählerisch!) ist oder die Zeit, die man auf Dating-Apps verbringt, rigoros einschränkt. Das sollte jeder für sich entscheiden. Mir hat die totale Abstinenz sehr gut geholfen!

Wenn man sich nach der individuellen Pause immer noch ausgelaugt fühlt, ist es spätestens jetzt ratsam, eine komplette Dating-Pause einzulegen und erst wieder anzufangen, wenn man wieder mehr Lust darauf hat oder das dringende Bedürfnis danach verspürt.

Das heißt, eine Pause kann es uns ermöglichen, uns auf den Aufbau unseres Selbstvertrauens und unserer Selbstliebe außerhalb der Dating-Welt zu konzentrieren. Es ist wichtig, andere Quellen des Selbstwertgefühls zu finden.

### Warum ist Dating stressig?

Dating stresst vor allem dann, wenn man unbedingt einen Partner in kürzester Zeit kennenlernen möchte. Außerdem macht die Angst vor negativer Bewertung keinen Halt vor uns. Beim Online-Dating gibt man einigermaßen viel von sich preis und nicht jeder Nutzer ist diplomatisch und so erfährt man auch die ein oder andere Abfuhr. Das muss man aushalten können - inklusive der Sorge, dass man den steigenden emotionalen und sexuellen Erwartungen, die mit Verabredungen und Beziehungen einhergehen können, nicht gerecht werden kann.

Und auch die Angst, andere selbst zurückzuweisen zu „müssen", geht mit der Unruhe vor Schuldgefühlen einher. Denn man möchte nicht Gefühle eines Users verletzen oder als grausam oder unfreundlich angesehen werden. Diese Emotionsflut, mit der wir beim Daten überschwemmt werden, darf man nicht unterschätzen!

### Was ist ein stiller Nervenzusammenbruch?

Ein stiller Burnout ist eine Variante des Burnouts, bei dem Betroffene ihre Symptome verdrängen und verschleppen. Nach außen hin bleibt die Fassade eines erfüllten Lebens bestehen, aber innerlich brennen die Betroffenen allmählich aus. Mögliche Symptome sind: verstärkte Ungeduld und Gereiztheit.

### Was ist die Vorstufe von Burnout?

Die Vorstufen sind zum Beispiel eine gesteigerte Arbeitsaktivität bei verminderter Leistungsfähigkeit, Rastlosigkeit, das Gefühl, nie Zeit zu haben, die Vernachlässigung eigener Bedürfnisse, Versagensängste, Schlafstörungen, Niedergeschlagenheit, ein gesteigertes Aggressionspotenzial. Auch die Symptome eines ordentlichen Burnouts können schon Warnstufen sein. Deshalb ist es wichtig, sorgsam und in Selbstfürsorge mit sich selbst umzugehen und sich gut zu beobachten und Veränderungen wahrzunehmen.

### Warum sind Dating-Apps mittlerweile so schlecht?

Eine Flut von Betrügereien, gefälschten, von KI generierten Profilen und Belästigungen macht Dating-Apps für Benutzer immer unfreundlicher. Etwa vier von zehn Benutzern sind auf einer Dating-App schon einmal einem Betrug begegnet, während etwa zwei von zehn darauf hereingefallen sind, so die Schätzungen des Cybersicherheitsunternehmens Kaspersky.

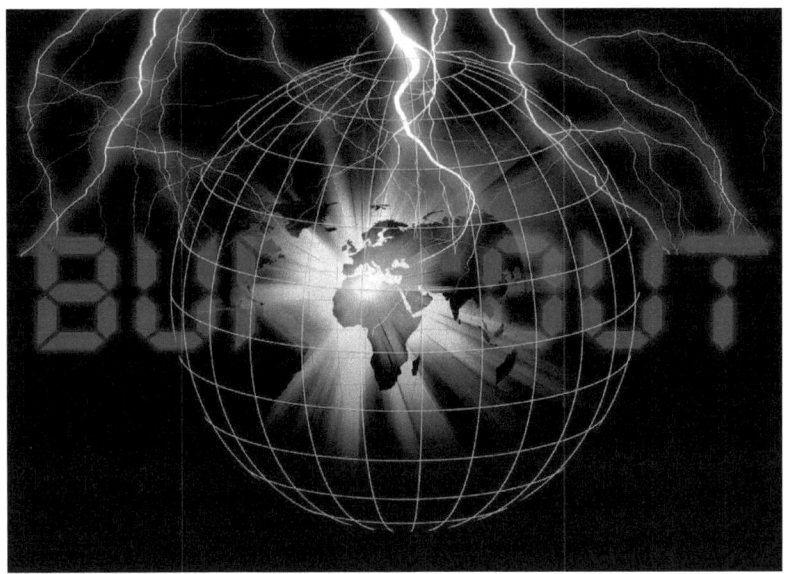

# Dating Burnout – Wenn das Herz müde wird

Man fängt an mit Hoffnung. Mit Neugier. Mit dem Wunsch, jemanden zu finden, der einen sieht – wirklich sieht.
Man wischt, schreibt, trifft sich. Lacht. Wartet.
Vielleicht verliebt man sich sogar ein bisschen.
Und irgendwann, nach zu vielen Gesprächen, die ins Leere liefen, nach Dates ohne Tiefe, nach plötzlichem Ghosting oder dem Satz „Du bist toll, aber ..." – irgendwann wird das Herz müde.

Dating Burnout fühlt sich an wie eine stille Erschöpfung.

Nicht körperlich – sondern emotional.
Wie ein Akku, der leer ist, obwohl man ständig aufgeladen werden wollte. Zu viele Erwartungen. Zu viele Enttäuschungen. Zu wenig Echtheit.
Man beginnt, zynisch zu werden. Man verliert den Glauben an das Verbindende. Und am meisten zweifelt man irgendwann an sich selbst.

## Was hilft?

• Pause. Nicht jede Begegnung muss ein potenzielles „Für immer"
sein.
• Rückbesinnung. Wer bin ich ohne die Suche nach dem Anderen?
• Selbstmitgefühl. Du hast dein Herz gezeigt – das ist niemals Schwä-
che. • Tiefe vor Tempo. Echtes Kennenlernen braucht keinen Swipe-
Rhythmus.
Und vielleicht, ganz leise, wird aus der Müdigkeit irgendwann wie-
der Sehnsucht. Nicht hektisch. Nicht getrieben. Sondern ruhig. Bereit.
Und klarer. Denn du musst niemanden finden, um vollständig zu sein.
Aber wenn du jemanden triffst, der dein Inneres zum Leuchten bringt
– dann darf es sich leicht anfühlen. Nicht wie ein Wettlauf.

## Dating Burnout ist real.

Zu viele Gespräche, die ins Leere führen.
Zu viele Hoffnungen, die wieder verpuf-
Zu viele „Du bist toll, aber..."

Irgendwann wird das Herz müde.

Nicht, weil du zu viel gibst –
sondern weil zu wenig zurückkommt.

Wenn du gerade an dem Punkt bist:
Mach Pause. Atme.
Du musst niemanden finden, um ganz zu sein.

Und wenn du wieder suchst –
dann nicht aus Mangel.
Sondern aus Klarheit.

# Freundschaft Plus –
# das Spiel mit der Hoffnung

**Freundschaft Plus** bedeutet, sich auf jemanden emotional einzulassen, der „nett" ist und mit dem man seine sexuellen Bedürfnisse befriedigt – ohne sich dabei final entscheiden zu müssen oder zu wollen.

Zu einer Freundschaft Plus gehören neben dem unverbindlichen Sex auch gemeinsame klare Absprachen. Ziel ist, dass es funktioniert, dass man für einen gewissen Zeitraum miteinander intim wird, ohne die eigentliche Freundschaft zu gefährden.

Im Idealfall fühlt man sich trotz gegenseitiger Sympathie und ohne Gefühle wie Liebe und Verliebtsein auf körperlicher Ebene zueinander hingezogen.

Das Problem bei diesem Arrangement ist, dass oft einer der Partner (meistens die Frau) doch irgendwann Gefühle entwickelt und einfach „mehr" als nur Sex haben möchte.

Natürlich kann sich aus einer sexuellen Beziehung auch Liebe entwickeln, aber da zumindest einer der Partner ja deutlich eine Freundschaft Plus anstrebt, also auf Unverbindlichkeit und Unabhängigkeit besteht, ist das hier eher selten der Fall!

Der Vorteil von Freundschaft Plus kann sein, dass man trotz Sex die bestehende Freundschaft erhalten kann. Außerdem haben beide regelmäßigen Sex mit einer ihnen bereits vertrauten Person. Das heißt, beide müssen keine anderen Menschen daten, um ihre sexuellen Bedürfnisse beispielsweise durch One-Night-Stands zu decken. Da man sich meistens nicht allzu oft trifft, bleibt eine gewisse Spannung erhalten, die durch den Sex weiter entfacht wird. Das Gefühl von Unabhängigkeit und Freiheit bei gleichzeitigem Sex mit einer vertrauten Person ist oft das, was Menschen in dieser Form der Beziehung suchen.

## Wie merkt man, dass aus Freundschaft Plus mehr wird?

Ihr spürt, dass Ihr eine emotionale Verbindung aufbaut.

Ihr fühlt Euch so wohl und vertraut miteinander, dass Ihr auch immer häufiger tiefgründige Gespräche führt. Ihr teilt Eure Ziele, Träume, Ängste und Sorgen, weil Ihr wisst, dass der/die andere Euch nicht verurteilt und immer ein offenes Ohr dafür hat.

## Warum Freundschaft Plus oft nicht funktioniert

Die Schwierigkeit liegt darin, dass verschiedene Menschen unterschiedliche Vorstellungen haben und dass Gefühle und Nähe nicht wie planbare und steuerbare Faktoren behandelt werden können. Komplikationen entstehen oft dann, wenn die Erwartungen an eine „Freundschaft Plus" von Anfang an nicht übereinstimmen und der eine Partner einfach mehr Gefühle entwickelt und sich deutlich mehr vorstellen könnte.

Kompliziert wird es immer dann, wenn einer der Beteiligten das Modell „Freundschaft Plus" und der andere eine „feste Beziehung" haben möchte.

Wer also auf der Suche nach einer festen Beziehung ist, sollte klare Regeln festlegen, um nicht enttäuscht zu werden und sich gut überlegen, ob er sich darauf einlassen möchte.

Ich habe dieses Freundschaft Plus-Modell nicht für mich entdecken können. Sex und Gemeinsamkeit bauen bei mir automatisch Gefühle auf, die für eine Freundschaft Plus nicht förderlich wären. Tolle Männer habe ich aus diesem Grund nicht in mein Leben gelassen, aber auch hier ist es einfach klar: dieses Modell und meine Lebensplanung passen nicht zusammen und somit muss man auch Konsequenzen ziehen.

Schlimm ist es dann, wenn ein Mann vorgaukelt, er suche eine feste Beziehung und eigentlich nur Freundschaft Plus sucht. Auch das ist mir passiert und als ich es erkannte, habe ich den notwendigen Schlussstrich gezogen. Ich finde diese Art der unechten Kommunikation, die man auch als Unwahrheit oder Lüge oder falsche Voraussetzungen bezeichnen könnte, sehr beschämend für denjenigen, der nicht ehrlich ist und sehr unschön für den Verratenen! Ich würde mir in dieser Situation mehr Ehrlichkeit und Offenheit wünschen!

Manche Männer geben auf ihrem Profil direkt an, dass sie eine Freundschaft Plus suchen: das finde ich völlig ok, weil es keine falschen Hoffnungen schürt und absolut ehrlich ist! Hiermit kann der Suchende etwas anfangen und sich dafür oder dagegen entscheiden! Er hat die Wahl, was bei falschen Voraussetzungen definitiv erst einmal nicht der Fall ist!

Gründe, warum eine Freundschaft Plus zerbrechen kann, sind vor allem auch, dass sich einer von Euch in den anderen verliebt hat, einer sich außerhalb von Eurer Freundschaft Plus jemanden kennenlernt und sich in ihn verliebt, oder dass Ihr nicht mehr die gleiche Vorstellung davon habt, wie Eure Freundschaft Plus funktionieren und gestaltet werden soll.

### Ist eine „Affaire" das Gleiche wie „Freundschaft Plus"?

Freundschaft Plus ist ja wie bereits beschrieben keine Paarbeziehung! Aber sie ist auch keine Affäre. Denn beide Freunde sind Singles und möchten keine romantische Beziehung miteinander führen. Im Unterschied zu einer Affäre, bei der Sex im Vordergrund steht, setzt Freundschaft Plus allerdings eine emotionale Nähe und Verbundenheit (OHNE Verbindlichkeit) voraus. Gleichzeitig allerdings zeigt eine Freundschaft Plus deutlich weniger Verbindlichkeiten als eine Paarbeziehung auf.

### Die offene Beziehung

Der Unterschied zu einer offenen Beziehung besteht darin, dass es sich bei der Freundschaft Plus definitiv nicht um eine **Paar**beziehung handelt. Bei einer offenen Beziehung haben sich beide Partner darauf geeinigt, sich mit anderen Menschen zu treffen und auch sexuellen Kontakt über die Beziehung hinaus haben zu können.

### Gibt es Regeln bei einer Freundschaft Plus?

Ein paar Regeln, die bei einer Freundschaft Plus wichtig sein können, damit das Beziehungsmodell funktioniert, sollten besprochen und dann auch gemeinsam eingehalten werden:

Es gilt einen ganz klaren Kontext festzulegen: den Unterschied zwischen Sexualität und Emotionalität zu erkennen! Dies gilt für beide Parteien, denn auch wenn zwei Menschen nicht auf der Suche nach etwas Festem sind, kann es passieren, dass sie sich emotional an den Freundschaft-Plus-Partner binden (bewusst oder unbewusst). Dies passiert eventuell durch die intime Zeit, die miteinander verbracht wird. Deshalb sollten sich die Beteiligten immer wieder klarmachen, dass es eine sexuelle freundschaftliche Basis gibt und dass die Grenzen nicht überschritten werden sollten. Ich denke, wer das nicht leisten kann (was völlig ok ist), sollte es sich sehr gut überlegen, ob er sich auf eine solche Freundschaft Plus Beziehung einlassen möchte und auch kann. Die Hoffnung, dass man den anderen „schon noch rumbekommt", ist unrealistisch, denn gerade Männer sind da in ihren Ansichten sehr klar und wollen oft einfach nicht mehr.

Dies alles bedingt eine ehrliche und offene Kommunikation von Anfang an. Ohne Offenheit und auch Vertrauen wird solche eine Beziehung nicht gutgehen können, da es sehr diffizil ist. Es müssen beide Parteien genau wissen, worauf sie sich einlassen.

Eine Freundschaft Plus beinhaltet nämlich so viel mehr als nur die gemeinsamen Treffen: finden Zusammenkünfte, wie Essengehen, auch in der Öffentlichkeit statt? Geht man gemeinsam auf Partys, gibt es öffentliche Berührungen, übernachtet man beieinander und Vieles mehr! Oft sieht man diese Verwicklungen erst, wenn man in der Freundschaft Plus Beziehung lebt, aber gut ist es, wenn man sich vorher Gedanken dazu macht.

Eine weitere Frage ist ganz existentiell: Gibt es neben mir noch andere Freundschaft Plus Beziehungen?

Ich kenne einige Menschen, die nach diesem Modell leben. Bei einigen gibt es sozusagen die „Exklusiv-Methode", das heißt, es gibt nur einen Freundschaft Plus Partner. Bei anderen ist von Anfang an klar, dass es mehrere Partner gleichzeitig geben wird. Auch das muss man für sich klären: Halte ich das aus? Werde ich eifersüchtig oder nicht???

Deshalb muss man feste Grenzen und Beschlüsse erörtern. Kuscheln wir auch vor dem TV oder gibt es nur reinen Sex? Berühren wir uns auch beim Erzählen oder nicht?

Es müssen sich dann beide Partner an diese Regeln halten, damit es wirklich funktioniert.

Und was ist, wenn doch Eifersucht aufkommt? Denn sie zeigt ja, dass einer der Beteiligten „mehr" will und dass das Modell der Freundschaft Plus dann nicht mehr funktioniert.

Was auch nicht schadet, sind Absprachen, was beispielsweise den Zeitraum betrifft. Manche Partner wünschen sich einen begrenzten Zeitraum, andere lassen es gerne offen.

Zusammenfassend ist zu sagen, dass es klar ist, dass eine Freundschaft Plus die Vorteile einer Freundschaft mit Sex verbindet. Im besten Fall lassen sich Vertrautheit und Lockerheit mit der körperlichen Komponente verbinden.

Hervorzuheben ist, dass – anders als bei einer Partnerschaft - es nicht um gegenseitige Gefühle oder die Absicht, langfristig zusammen zu sein geht. Wenn dies von Anfang an klargestellt ist, hat Freundschaft Plus die Chance zu gedeihen. Das heißt, es geht darum, eine körperliche Beziehung zwischen zwei Partnern völlig ohne Verpflichtungen zu gestalten. Wer also Lust hat auf eine körperliche Beziehung ohne Gefühle und Verpflichtungen hat, wer Unverbindlichkeit mag: für denjenigen kann eine Freundschaft mit gewissen Vorzügen gut funktionieren.

Jeder behält seine absolute Unabhängigkeit, es gibt keine gegenseitigen Verpflichtungen, keine großen Erwartungshaltungen, Hoffnungen und Pläne und keine Verbindlichkeiten, sowie keine emotionalen Verstrickungen. Es gibt auch keine Verantwortlichkeit dafür, wie sich jemand fühlt, keine Alltagsprobleme, keine gemeinsamen Familienbesuche. Dafür aber viel Nähe und Verbundenheit.

**Das Risiko** liegt auf der Hand: einer der beiden Partner könnte sich in Gefühle verstricken und mehr wollen. Außerdem kann dieses Prinzip Schwierigkeiten für eine neue Beziehung bedeuten, da die Freundschaft Plus meistens nicht exklusiv ist. Das bedeutet also, es ist jeweils möglich, nebenbei noch andere Menschen daten zu können. Der Übergang von Freundschaft Plus zu einer neuen anderen Beziehung, die eher auf etwas Festes abzielt, kann sehr schwierig werden und nicht selten in einem Gefühls-Chaos enden.

Wichtig ist demnach eine gute offene Kommunikation, damit man Missverständnissen und Unklarheiten vorbeugt.

„Freundschaft Plus
wird dann schmerzhaft,
wenn man Gefühle kleinredet,
obwohl sie längst laut schreien –
und man hofft,
obwohl nichts versprochen wurde."

*Freundschaft Plus – das Spiel mit der Hoffnung*

*Es beginnt oft leicht. Lachend. Locker. Ohne Erwartungen.
"Wir wissen, worauf wir uns einlassen", sagt man. Kein Drama,
keine Verpflichtung – nur Nähe, wenn beide es wollen.*

*Klingt fair. Klingt frei.*

*Doch irgendwo, zwischen späten Nächten und geteiltem La-
chen, schleicht sich ein Gefühl ein, das in keinem Deal stand:
Hoffnung. Die Hoffnung, dass es mehr sein könnte. Dass aus
Nähe vielleicht Tiefe wächst. Dass man irgendwann bleibt –
nicht nur über Nacht, sondern im Leben.*

*Doch Freundschaft Plus ist selten gleich verteilt. Einer hofft
mehr. Einer hält sich zurück. Und der Schmerz entsteht oft dort,
wo man schweigt, obwohl das Herz längst spricht. Es ist ein
Spiel ohne klare Regeln – nur mit stillen Grenzen, die man spürt,
wenn man sie übertritt. Und mit jeder Berührung wächst nicht
nur das Begehren, sondern auch die Unsicherheit.*
*Wie lange kann man sich vormachen, dass es reicht? Dass
Nähe ohne Bindung genug ist? Dass man nicht zerbricht an
etwas, das nie ganz sein durfte?*
*Freundschaft Plus ist kein Fehler. Aber sie wird dann gefähr-
lich, wenn man Gefühle kleinredet, obwohl sie längst laut
schreien. Wenn man hofft – und sich dabei selbst verliert.
Manchmal braucht es mehr Mut, ehrlich zu sein, als weiterzu-
spielen. Denn das Herz lässt sich nicht verhandeln.*

# Die unterschiedlichen Typen bei Männern und Frauen

Zum Glück gibt es all die unterschiedlichen Typen im Menschsein! Und auch zum Glück sind wir alle anders. Diese Unterschiedlichkeiten wahrzunehmen, ist der erste Schritt beim Dating und nicht nur das Wahrnehmen ist wegweisend, sondern auch das Tolerieren dieser Verschiedenheit.

Denn auch wenn wir wissen, was wir wollen und auch nicht wollen, ist es vor allem im zunehmenden Alter wichtig, sich auch auf gewisse Kompromisse einlassen zu wollen.

Es gibt sicherlich Dinge, bei denen man nicht kompromissbereit ist und auch nicht sein möchte: Sauberkeit ist für mich zum Beispiel nicht verhandelbar. Wenn mein Gegenüber müffelt, dann ist das das allergrößte Aus! Für mich absolut nicht verhandelbar, denn es zeigt ja auch deutlich eine Lebensweise auf, die mit meiner sicherlich nicht vereinbar ist!

Auch ein ungepflegter Kleidungsstil ist für mich ein No-Go!

Wenn jemand sehr geizig ist, ist das für mich ebenfalls ein Abtörner! Und so gibt es sicherlich für jeden ein paar Dinge, die einfach nicht verhandelbar sind.

➜ **Wichtig zu erwähnen** ist mir, dass ich dies hier alles aus MEINER individuellen Perspektive heraus schreibe und wirklich niemandem zu nahetreten will.

Ich habe im Laufe meiner Dating-Karriere einfach festgestellt, wie unterschiedlich jeder ist und das ist auch gut so. Jeder hat seine Daseinsberechtigung und jeder Mensch darf so sein wie er ist. Genauso aufgefallen ist mir aber, dass für mich Manches einfach nicht kompatibel ist und auch das ist ok.

Wenn mich jemand datet, der keine Hunde mag und ich ja nun mal einen Hund besitze, dann ist das vielleicht schade, aber es passt einfach nicht. Ich bin damit im Laufe der Zeit sehr gelassen und „klar" umgegangen, denn wenn es zu gegensätzlich in Grundansichten ist, ist es einfach auch ok, wenn es nicht passt. Jemanden, der Tiere nicht mag, kann ich in meinem Haushalt einfach nicht integrieren, da mein Hund wie ein Familienmitglied zu mir gehört. Alles ok, man muss es nur rechtzeitig erkennen.

Wenn jemand mit meiner Art von Humor nichts anzufangen weiß, ist das ebenfalls völlig ok, aber auch dann passt es nicht!

Falls ein Mann auf schwarze Haare steht und mich als blonde Frau einfach nicht hübsch findet, ist das auch ok. Ich sehe das wirklich mittlerweile recht „cool" - jeder darf sein wie er ist und solange es kompatibel ist und oder Aussicht darauf besteht, dass man diese Gegensätze vereinen kann, dann kann man es versuchen... Besteht nicht der Ansatz einer Hoffnung, dass es klappen könnte, dann ist das einfach so und man darf es als Solches „stehen lassen".

Sich oder den Anderen verbiegen oder gar umerziehen zu wollen ist nicht gut.

Und ich bin mir auch sehr bewusst, dass ich ebenfalls eine große Individualität besitze, die nicht zu jedem Partner passt und die der ein oder andere auch nicht für sich kompatibel empfindet und auch das ist ok!

# Der intellektuelle Typ

Ich durfte solch einem Mann beim Daten begegnen und hatte zwei inspirierende Stunden bei einem Spaziergang.

Ich liebe es, wenn Männer intelligent sind, sich auszudrücken vermögen und eine eigene Geschichte zu erzählen haben, die dann womöglich sogar bereichernd und interessant ist.

Wenn es dann noch „boom" macht, umso besser! ☺

Mir ist der intellektuelle Typ Mann deutlich lieber, als ein frauenverachtender oder schlicht und ergreifend dummer Mann!

Sich gut unterhalten zu können ist eine meiner Grundvoraussetzungen für eine gute Beziehung. Deshalb mag ich eloquente Männer sehr.

Bis jetzt war aber leider mein „Typ Mann" nicht unter ihnen, sondern eher solche „Nicht-Männer", unerotisch oder wenig humorvoll.

Wie schade, wenn es einfach nicht funkt und der Mann an sich auf der Strecke bleibt.

Dafür kann ER gar nichts, aber bislang habe ich leider nur wenig körperlich anziehende Männer getroffen, die über einen solch tollen Intellekt verfügten.

# Der humorvolle Typ

Oder der, der es gerne wäre und dessen Witze so flach oder standardmäßig sind, dass mir das Lachen vergeht.

Ich bin sehr humorvoll und wünsche mir das auch von einem Partner, denn über sich selbst und Lustiges lachen zu können, ist einfach herrlich!

Ich habe schon interessante Männer gedatet, die aber überhaupt keinen Humor hatten oder nicht den gleichen wie ich. Das ist sooo schade! Aber wenn man ein Späßchen macht und von dem Anderem so gar keine Reaktion kommt und dies wiederholt auffällt, dann merke ich doch auch recht schnell, dass es in dieser Beziehung einfach nicht kompatibel ist.

Ich habe das schon mehrfach erlebt und mir zweifelhafte Witze und vermeintliche Gags angehört oder versucht, die „witzige Seite" an ihm zu begreifen! ☺

Man kann es kaum glauben, aber Humor kann so extrem unterschiedlich sein und ankommen. Jemand, der mir beim ersten Date einen Witz nach dem anderen erzählt, kann ich auch nicht wirklich ernstnehmen…. Humor muss passen, wie alles andere auch!

Interessant ist es auch, wenn jemand einen Witz macht und dann hinterher sagt: „Das war ein Witz"!

Ach, ehrlich? nicht mehr so Hätte ich gar nicht angenommen!

Humor ist, wenn man trotzdem lacht! ☺

Und dann gibt es aber auch diese wundervollen Männer, die den gleichen Humor besitzen und wo man schon gleich zu Anfang eines

Gespräches merkt: da ticken wir absolut gleich! Solche Gespräche sind für mich Gold wert und einmalig!

## Der narzisstische selbstherrliche Typ

Über diesen Typ Mann könnte ich ein eigenes sehr umfangreiches Buch schreiben! ;)

Manchmal glaube ich sogar, dass die Single-Männer-Welt hauptsächlich aus diesem Typ besteht (ein großes SORRY an alle, die absolut nicht so sind!!!).

Ich weiß gar nicht, wo ich anfangen soll, so sehr übermannen mich beim Schreiben Gefühle: Emotionen der Wut, des Kaputtlachens, der Verzweiflung und vor allem dem ZWEIFEL an der Menschheit.

Als psychologisch geschulte Pädagogin bin ich mir bewusst, dass Menschsein so viel beinhaltet, dass wir durch so viele Prozesse gegangen sind, die Spuren hinterlassen haben. Ich weiß, dass die Kindheit enorm prägt und durchaus Folgen für den werdenden Erwachsenen bis hin ins hohe Erwachsenenalter haben kann. Und ich weiß auch, dass es viele Menschen mit nachhaltigen schweren Problemen gibt.

Das ist ok, jeder hat sein Päckchen zu tragen. Der Unterschied ist jener: der eine trägt es besser, der andere weniger gut. Der eine erkennt seine Probleme und bearbeitet sie (zum Beispiel in Form von Psychotherapie...), der andere erkennt es und unternimmt nichts und der Nächste erkennt es überhaupt nicht und unternimmt natürlich auch nichts oder ist noch entsetzt, wenn man ihn damit konfrontiert!

Und gerade im narzisstischen Bereich merken die betroffenen Menschen nicht, wie verletzend sie um sich schlagen und wie verheerend solche Krankheitsbilder für Beziehungen jeglicher Art sein können.

Mehr zu Narzissmus im Kapitel „Wissenswertes".

# WISSENSWERTES

Da ein Dating-Buch aus meiner Perspektive aus gar nicht ohne pädagogische oder psychologische Hintergrund-Infos zu verfassen ist, möchte ich es hiermit komplettieren.

Denn wie wir noch lesen werden, vor allem, wie wir selbst es sicherlich alle schon erlebt haben, treffen wir auf die unterschiedlichsten Menschen und einige davon haben tiefgreifende Persönlichkeits- und Bindungsstörungen oder gar Psychosen.

Um diese schneller erkennen zu können, ist es mir wichtig, die Prägnantesten davon aufzuführen.

# Narzissmus

Bei der narzisstischen Persönlichkeitsstörung finden sich ein tiefgreifendes Muster von Großartigkeit (in Fantasie oder Verhalten), ein durchgehendes Bedürfnis nach Bewunderung und ein Mangel an Einfühlungsvermögen in andere. Personen mit dieser Störung legen ein übertriebenes Selbstwertgefühl an den Tag. Merkmale sind Überheblichkeit, ein Mangel an Empathie und ein überzogenes Selbstbild. Narzisst*innen nehmen sich selbst als besonders wichtig wahr und haben auch den Anspruch, dass andere das anerkennen.

**Häufige Symptome einer narzisstischen Störung** sind ein übersteigertes Selbstwertgefühl; wie schon erwähnt Fantasien von grenzenlosem Erfolg, Schönheit, idealer Liebe und Macht; und auch Ausnutzung von Mitmenschen für egoistische Zwecke; wenig echte Empathie; arrogantes und überhebliches Verhalten; häufiges unbegründetes Neidempfinden und die absolut hohe Erwartung immer bevorzugt behandelt zu werden.

Ich beschreibe das so ausführlich, da ich diesen Narzissmus nun schon so häufig erlebt habe, dass ich unbedingt darauf aufmerksam machen möchte, damit Du auch möglichst bald diese Störungen an einem potenziellen Partner erkennen kannst!

**Typische Aussagen von Narzissten sind beispielsweise:**
„Das habe ich nie gesagt."; „Sei nicht so empfindlich."; „Daran bist du selbst schuld."; „Das bildest Du Dir nur ein."; „Nie kann man sich auf Dich verlassen." Und dass sie einem das „Wort im Munde herumdrehen"!

Erlebt habe ich das alles schon mehrfach „eins zu eins"! Traurig aber wahr.

Und wichtig ist mir auch zu zeigen, dass Narzissten keine echte wahre Liebe zeigen können.
Das Gefühl von echter Zuneigung, Hingabe, Fürsorge und Geborgenheit, was der Großteil der Menschen unter Liebe versteht, ist Narzissten völlig fremd. Trotzdem können sie zu Beginn einer Beziehung sehr charmant und zuvorkommend sein. Das ist auch das Verflixte daran, weil man sich zu Anfang von diesen Menschen gesehen und verstanden fühlt. Ein Trugschluss!
Denn Menschen mit narzisstischen Charaktereigenschaften treten erst einmal selbstbewusster auf, wirken schillernd, anziehend, schlagfertig und schätzen das spielerische Flirten. Dabei zeigt sich seitens des Narzissten ein hohes Engagement, das Gegenüber von sich zu überzeugen, bis der Andere einwilligt.
Narzissten fällt es oft schwer, Kritik anzunehmen, da sie ein fragiles Selbstwertgefühl haben und sich selbst als perfekt und fehlerfrei erleben möchten.

Im Umgang mit Narzissmus und der eventuellen Opferrolle sind Empathie und Kommunikation von entscheidender Bedeutung. Es ist wichtig, die eigenen Grenzen zu kennen und sie zu verteidigen, während man gleichzeitig versucht, Verständnis für die zugrundeliegenden Motive und Ängste der betroffenen Person aufzubringen. Diese Gratwanderung ist sehr schwierig und da ich es selbst mehrfach erlebt habe, weiß ich, wie schwer es ist, dies zu erkennen und auch als Solches wahrzunehmen und dann vor allem auch entsprechend zu handeln. Narzissten haben es schwer, eine gute Partnerschaft auf Augenhöhe zu führen **und für den gesunden Partner ist es auf Dauer nahezu unmöglich, eine entspannte Partnerschaft zu führen.**

Tatsächlich habe ich mich von diesen Männern dann getrennt. Mit viel Glück brauchte ich nicht so lange, um zu dieser Erkenntnis zu gelangen, aber ich habe auch eine Beziehung gehabt, in der ich es erst sehr spät erkannte und die Trennung dann auch sehr schwierig war.

Neulich hatte ich ein Date mit einem vielversprechenden Mann. Wir haben uns erst einmal geschrieben, dann mehrfach telefoniert und uns dann zu einem persönlichen Kennenlernen verabredet. Das erste Telefonat verlief absolut toll; wir stellten sehr viele Gemeinsamkeiten fest und auch unsere Vorstellung einer dauerhaften Beziehung war ähnlich. Ich war begeistert. Aber schon beim zweiten Telefonat bemerkte ich eine gewisse Unbeugsamkeit und eine derartige Selbstherrlichkeit, dass meine Alarmglocken klingelten.

Unser Treffen mündete in einer emotionalen Katastrophe, da er mich von Anfang an fast „beschimpfte", immer wieder seinen Wert darstellte und meine Meinungen nicht gelten ließ und so weiter. So etwas hatte ich noch nie erlebt und schon gar nicht beim ersten Date! ☺

Ich konnte nur staunen und war so überrumpelt, dass ich das Date nicht abbrach (aber man lernt ja aus jeder Herausforderung).

Mir war dort schon klar, dass ich diesen negativen Menschen, der hauptsächlich nur sich und seine ach so tollen Ansichten sieht, der mich niedermachte um vermutlich selbst zu glänzen und der vor allem fast gar nicht auf meine Geschichte, meinen Beruf und so weiter einging, nicht wiedersehen werde und teilte ihm dies dann nach etwas Abstand ruhig und deutlich am nächsten Morgen mit!

Und spannend fand ich die Reaktionen meiner Freundinnen zu diesem Date: „Dass Du Dir das hast bieten lassen!"; „Dass Du das so lange ausgehalten hast!"; „Das musst Du Dir doch wirklich nicht gefallen lassen!"; „Du bist doch deutlich mehr wert!", und so weiter! Meine Freundinnen hatten schneller als ich erkannt, in was für eine „Kiste" ich mich da habe einlullen lassen und dass ich vor „lauter lauter" nicht mehr klar denken und Grenzen setzen konnte! Das ist diese Narzissten-Falle, denn er hatte natürlich irgendetwas an sich, was mich gereizt hatte im positiven Sinne: beispielsweise seine Eloquenz, seine Intelligenz! Und zack, war ich hineingetappt in die Narzissten-Falle! Und jedes Mal frage ich mich, wie ich immer wieder hineintappen kann!

# Selbstzweifel

✓ Selbstzweifel ist die Unsicherheit, bestimmte Ziele zu erreichen oder positiv auf andere Personen zu wirken und oft das Ergebnis von Unzufriedenheit mit sich selbst, die von der Gegenwart in die Zukunft projiziert wird. Je länger die Selbstzweifel andauern, desto negativer wird das Bild von der eigenen Person.

Ja, das ist ein großes Thema beim Daten und ich danke meinen Freundinnen, dass sie mich immer wieder aufbauten und mir zu verstehen gaben, wie wertvoll ich bin und dass ich es auch nicht nötig habe, mich teilweise derart schlecht behandeln zu lassen!

Die Gefahr beim Daten ist immer, dass man sehr schnell beginnt, an sich selbst zu zweifeln, wenn der Dating-Partner abwertend oder fordernd ist und das kann fatale Auswirkungen haben…

In der Psychologie werden Selbstzweifel als ein akutes oder generelles Misstrauen gegenüber der eigenen Person und den eigenen Fähigkeiten beschrieben. Betroffene sind mit sich unzufrieden und glauben nicht an sich selbst. Diese innere Selbstunsicherheit empfinden viele als lähmend und belastend.

Von enorm vielen Datenden, sowohl männlich als auch weiblich, habe ich gehört, was sie alles mitgemacht haben, wie sehr sie verletzt, erniedrigt, zermürbt oder sogar verbal angegriffen wurden. Wie oft sie klein gemacht oder sie ausgenutzt wurden. Oder man über sie gelacht oder sie bloßgestellt hat. Wenn man das so liest, fragt man sich, warum manche Menschen überhaupt daten? Wollen sie nur austeilen um selbst besser dazustehen? Was bewegt solche Menschen???

Und was muss man noch alles erleben, aushalten oder über sich ergehen lassen??? Manchmal kann man selbst nach mehreren guten Telefonaten beim ersten Treffen geschockt sein. Warum tun Menschen so etwas, warum verstellen sie sich?

Und dann die Gegenfrage: warum lassen wir dies mit uns machen?

Gut, wenn man jemanden nicht kennt und er wird beim ersten Treffen etwas ausfällig, dann kann man wirklich nichts dafür, aber man hat dann die entscheidende WAHL: tue ich mir das weiter an oder beende ich es? Jetzt sofort?!


Da Dating so unterschiedlich verlaufen kann, ist man immer wieder mal der Gefahr ausgesetzt, an sich selbst zu zweifeln. Deshalb ist es so wichtig, dass man mit sich im Reinen ist, damit solches Verhalten uns nicht fertig macht!

Ich betrachte mich beispielsweise als selbstbewusste und autonome Frau und trotzdem haben mich manche Verhaltensweisen der Dating-Partner an mir zweifeln lassen. Vor allem, wenn man mehrfach hintereinander merkwürdige Begegnungen hatte.

Da ich sehr gut selbstreflektiert bin und wie schon beschrieben immer im effektiven Austausch mit guten Freundinnen stehe, weiß ich mich gut einzuschätzen und bekomme zum Glück enorm viel positives Feedback. Dies hilft mir sehr, bei mir zu bleiben und mir zu sagen, dass ich mich völlig normal verhalten habe. Für das Verhalten des Gegenübers kann man ja nichts – es ist immer ein Spiegel seines Selbst. Aber man kann zum Glück re-agieren!

Als mich ein narzisstischer Mann als negativ denkend *beschimpfte*, musste ich tatsächlich herzhaft lachen, weil mir die Absurdität dieser Behauptung zum Glück direkt bewusst wurde: täglich verbreite ich auf meinem Blog multiple-arts.com beziehungsweise auf meiner dazugehörigen Facebook-Seite MULTIPLE ARTS und auf meinem Instagram-Kanal enorm viel MUT und sende positive Energie, schreibe über positives Mindset und lebe auch komplett danach! Und dann kommt ein Mensch, der behauptet, ich sei negativ – da kann ich wirklich nur laut lachen, denn das entspricht so überhaupt nicht meinem Wesenszug! Dies sagte ich ihm auch, aber er nahm dann erneut Fahrt auf und wurde noch unglimpflicher – vermutlich um sich selbst in einem besseren Licht darzustellen. Ich beendete dieses Date!

Aber oft ist so ein Prozess der Selbstzweifel schleichend oder man bemerkt nicht gleich, was sich da gerade an Herabwürdigendem oder Fatalem abspielt! Und schwupps steckt man mittendrin im Selbstzweifel und in der Unsicherheit und glaubt womöglich das, was der andere an Erniedrigendem sagt und bezieht es voll und ganz auf sich, zieht sich sozusagen leider diesen Schuh an und im Laufe der Zeit stellt man sich dann womöglich in Frage. Das habe ich von Betroffenen ganz oft gehört und leider machen dann diese Menschen, die sich so verhalten (und ganz sicher an einer Persönlichkeitsstörung leiden und nun ihr Opfer gefunden haben), weiter und je nach (Nicht)- Reaktion bauen sie es noch aus.

Sich dort hinauszuholen ist schwierig, kann mühsam sein und es bedarf oft einer helfenden Hand, die uns unterstützt! Und nicht jeder hat solch tolle und gute Freundinnen, die sofort reagieren und die Welt für mich wieder geradebiegen und das Reale hervorbringen, damit ich die Unsäglichkeit, die ich durch solche Personen erfahren habe, wieder aus meinem Bewusstsein entfernen kann.

Ich kann jedem Betroffenen nur raten, sich notfalls professionelle Hilfe zu holen! In meinem Beruf als pädagogische Beraterin werde ich oft mit diesem Phänomen konfrontiert und es braucht viel Zeit und Zuwendung, so an sich zweifelnden Menschen wieder auf die Beine zu helfen!

Jene Menschen mit diesen Persönlichkeitsstörungen, die dies verursachen, wissen nicht, was sie anrichten und deshalb ist es so wichtig, schon frühzeitig zu erspüren, was hinter dem Verhalten solcher Personen steckt und sich vor ihnen zu retten! **Und es bedarf einer schnellen Rettung, eines sofortigen Rückzuges!**

Sonst sitzt man in der Falle fest und es wird immer schwieriger, dort wieder hinauszukommen!

Denn irgendetwas hat uns ja zu diesem Menschen hingezogen und diese Seite zeigt er uns bewusst (weil er spürt, wie wir darauf anspringen) immer wieder und versucht uns so zu verzaubern, was aber eher einem Einfangen gleicht, als einem Zauber!!!

Aus diesem Grunde beleuchte ich in diesem Buch auch solche Themen. Es geht's darum, zu erkennen, was uns widerfährt und entsprechend zu reagieren.

Die meisten Menschen haben aus unterschiedlichen Gründen ein niedriges Selbstwertgefühl, das heißt, sie sind sich selbst nicht entsprechend und genügend positiv bewusst und schätzen sich selbst nicht hoch genug. Häufig haben sie mit einem minderen Selbstwertgefühl auch viele negative Gefühle, wie zum Beispiel die Angst zu versagen, nicht gut genug (nicht schön, nicht schlank genug) zu sein! Oft verhalten sie sich dadurch wenig authentisch anderen gegenüber oder trauen sich nicht, ihre Ziele zu verfolgen. Selbstzweifel hängen immer mit einer inneren Unzufriedenheit und Unsicherheit zusammen. Viele Menschen denken permanent darüber nach, welchen Eindruck sie auf andere machen. Das stresst und macht noch unsicherer, weil man sich dann auch noch vergleicht. Die Ursache dafür findet sich häufig in der Kindheit oder entsteht durch toxische Beziehungen.

Aber auch selbstsicheren, reflektierten und selbstbewussten Menschen passiert es, dass sie in die Falle eines gestörten Menschen tappen - gerade, weil diese es zu Anfang so gut kaschieren können und sich in einem besonderen Licht darzustellen wissen! Das ist die Gefahr dabei!

## Tipps:

Deshalb ist es so wichtig, sich vor und während des Datens immer wieder auf seine Stärken zu besinnen.

Die einfache Frage „Was kann ich gut, besonders gut und worin bin ich wirklich stark?" ist erst der Anfang!

Man kann sich auch mit der Frage befassen, was zum Beispiel Freunde an uns mögen und sich dies aufschreiben, um es zu verinnerlichen. Oder auch: „Das fällt mir besonders leicht!".

Und noch eine wesentliche Frage ist: „Worüber fragen mich andere um Rat?". Denn dann wird uns immer wieder bewusst, wie beliebt wir sind, wie wertvoll, stark und authentisch!

Außerdem erinnere Dich an Deine bisherigen Erfolge; mache Dir Deine eigenen Stärken bewusst! Betrachte Deine Fehler nicht als Scheitern, sondern als Chance; Vergleiche Dich nicht mit anderen! Stelle Dir jede Situation vorher so vor, wie Du sie erleben willst. (Imagination ist auch im Bereich „Positives Denken" sehr wichtig!).

**Ganz wesentlich ist auch, sich selbst die Erlaubnis zugeben, dass man Positives erfahren und erleben darf! Dass man es WERT ist, Tolles zu erleben und GUT behandelt zu werden!**

## POSITIVES DENKEN / Positives Mindset:

Wer sich damit befassen möchte, den lade ich dazu ein, sich über diesen Link (https://multiple-arts.com/positiv-denken-mindset/) meine PDF kostenlos über das Positive Denken herunterzuladen um einen Einblick zu gewinnen.

Außerdem lade ich jeden Leser dazu ein, sich auch meine anderen Bücher, die Themen wie Depression; Stärke, Kraft&Mut; Abgrenzen und NEIN-Sagen; Dankbarkeit, Glück oder Hoffnung anzuschauen.

In diesen Büchern bin ich sehr tief in diese Thematiken eingestiegen und sie können als Wegweiser zu einem erfüllteren Leben dienen.

Atme tief durch.
Dieser Moment gehört dir.
Konzentriere dich auf das Gute, das bereits da ist, und die
Möglichkeiten, die vor dir liegen.
Jeder kleine Schritt nach vorn ist ein Gewinn.
Vertraue auf deine Stärke und die positive Kraft deiner Ge-
danken. Du gestaltest deine Realität.

# Nimm Dich selbst ernst

Es ist mir absolut wichtig, dies im Kapitel „Wissenswertes" aufzu-
greifen: Nimm Dich SELBST ernst und wichtig genug!!!

Sich selbst ernst zu nehmen bedeutet eine erhöhte Wahrnehmung
für die Bedürfnisse **für sich als Person**, Sichtweisen in Bezug auf
andere oder auf bestimmte Lebenshaltungen. Mittel und Wege wollen
gefunden werden, um diesen Erfordernissen nachzukommen.

Wer sich selbst nicht genügend ernst nimmt, sich für unwichtig und
nicht wert empfindet gesehen zu werden, der wird auch in Beziehungen immer wieder das gleiche Problem haben. Denn wer sich selbst
nicht genügend schätzt, wird unbewusst auch von anderen so wahrgenommen und das hat natürlich Auswirkungen.

Dieses Thema passt auch zu meinem Kapitel „Selbstliebe", denn
nur wer sich selbst liebt, seinen eigenen Wert erkennt, kann auch andere lieben.

Und wie oft hörte ich von meinen Freundinnen den Satz: „Das
musst Du Dir einfach wert sein!".

Wenn man sich selbst ernst nimmt, rutscht man nicht so schnell in
irgendwas hinein, was einem nicht guttut. Man spürt schon vorher die
kleinen Alarmsignale und kann sie dann auch deuten.

Und das hat definitiv nichts mit Egoismus zu tun, sondern mit dem
gesunden Wahrnehmen des eigenen Selbst und seiner Wertigkeit.

Das schaffen wir mit dem klaren Bewusstsein, dass wir uns selbst
und andere gleichermaßen wertschätzen: zu wissen, dass wir nicht
wichtiger sind als andere, aber auch nicht weniger wichtig. Wir dürfen
lernen auf uns selbst zu hören, unsere Gefühle zu spüren, sie anzunehmen, ihnen zuzuhören!

Wir dürfen lernen, unsere eigenen Bedürfnisse, Wünsche, Werte
und Ziele wahrzunehmen und im besten Fall auch umzusetzen. Das
macht uns übrigens auch in den Augen von Anderen attraktiv!

**Tipps:**
Versuche jeden Tag etwas zu üben und fange damit an, Deine Stärken zu betrachten und diese ernst zu nehmen, das heißt wertzuschät-

zen! Dann respektierst Du Dich selbst und begegnest Dir selbst sozusagen auf Augenhöhe, ohne Dich selbst herunterzumachen.

Wenn Probleme auftreten, versuche, sie als Herausforderung zu betrachten und entwickle Lösungsideen. Das beflügelt Deinen Geist und Du wirst sehen, dass Du Dich somit auch ernster nehmen kannst!

Wir können lernen, auf unsere negativen Gedanken zu achten und sie in positive umzuwandeln. Wir dürfen uns klarmachen, dass wenn wir uns selbst über längere Zeit nicht ernstnehmen und unsere Bedürfnisse vernachlässigen, wir nicht unser Leben leben, sondern das Leben der Anderen. Wir spüren eine schlummernde Unzufriedenheit und eine innere Spannung, die sich im schlimmsten Fall irgendwann mit körperlichen Symptomen, Energielosigkeit oder Überforderung entlädt.

Sich selbst entsprechend ernst zu nehmen bedeutet auch, gut auf das eigene Gefühl zu hören und sich vor allem seiner eigenen Ressourcen bewusst zu werden. Denn wir haben deutlich mehr Ressourcen und Erfahrungen, als uns bewusst ist. Wenn wir diese aktualisieren, werden wir immer Mittel und Wege finden, um voran zu kommen und uns die nötige Wertschätzung zukommen zu lassen.

Affirmationen dazu wären beispielsweise: Ich bin genug! Ich bin gut, so wie ich bin! Ich muss mir nichts beweisen und anderen erst recht nicht!

Das kann man dann auch wunderbar, wenn man es selbst gut verinnerlicht hat, auf eine Partnerschaft übertragen, weil man dann mehr in sich ruht und nicht mehr auf ständige Komplimente vom Partner abgewiesen ist.

Mir hat das tatsächlich einmal sehr geholfen, als mir einer meiner Dating-Partner (beim ersten -und letzten!!!) Date sagte, ich sei so negativ! Ich konnte tatsächlich nur herzhaft darüber lachen, denn eines weiß ich: ich bin nicht negativ, sondern der geborene Optimist und verbreite auf meinem Blog ganz viel Mut und Zuversicht und lebe das auch tatsächlich so. Er konnte mich damit also weder verletzen, noch verunsichern, da ich mir in diesem Moment dieses Wertes sehr bewusst war!

Je mehr Erfahrung und positive Erlebnisse wir mitunserem Selbstwert und dem positiven Feedback erfahren, umso mehr nehmen wir uns ernst, umso mehr kennen wir unseren Wert und lassen uns nicht gleich beim ersten „Überfall" verunsichern.

Ich weiß noch, wie der damalige Dating-Partner mit offenem Mund dastand, als ich so herzhaftlachen musste. Allein dieses Gesicht war es wert! ☺

# EINSAMKEIT

Sind wir mal ehrlich. Wer fühlt sich nicht ab und zu einmal einsam – vor allem wenn man Single ist!

Vielleicht sogar einsam, verlassen, alleingelassen **und** traurig.

Und auch wenn man, wie ich beispielsweise, eine ausgesprochen tolle Familie und unglaubliche liebe wertschätzende Freunde und vor allem ganz tolle Freundinnen hat: ab und zu fühle ich mich einsam. Und ich meine auch *einsam*. Allein zu sein und einsam zu sein sind zwei unterschiedliche Dinge, und auch wenn man immer wieder zu hören bekommt: „Du bist doch nicht wirklich einsam, Du hast so ein tolles soziales Netz um Dich herum!", behaupte und fühle ich, dass ich ab und an einsam bin!

> ➤ Einsamkeit ist ein subjektives Gefühl, bei dem die eigenen sozialen Beziehungen nicht den persönlichen Wünschen und Bedürfnissen entsprechen. Zum Beispiel kann Einsamkeit für manche einen empfundenen Mangel an engen, emotionalen Bindungen bedeuten.
>
> Einsamkeit wird auch als ein belastendes Gefühl definiert, das mit der Wahrnehmung einhergeht, dass die eigenen sozialen

Bedürfnisse nicht durch die Quantität oder insbesondere die Qualität der eigenen sozialen Beziehungen befriedigt werden.

Und selbst wenn man all diese sozialen Kontakte hat, selbst wenn man immer jemanden anrufen könnte: manchmal übermannt einen das Gefühl von Einsamkeit. Vielleicht ist es dann nicht so eine drastische Form der Einsamkeit, die uns krank macht. ABER: sie macht definitiv irgendetwas mit uns und das ist nichts Gutes!

**Ich schreibe das so deutlich, weil Du es auch kennen wirst, dass man Dir mit Floskeln, so gut sie auch gemeint sind, entgegenkommen wird. Und doch bleibt manchmal das Gefühl: ich bin alleine.**

Als mein Mann vor gut vier Jahren verstarb, bekam ich ganz enorm viel Anteilnahme, die mir extrem gutgetan hat und ohne diese Zuwendung wäre es mir erheblich schlechter gegangen. Ich wurde „aufgefangen" von Freunden und Familie und das war wunderbar und wohltuend. Und doch ist es am Ende des Tages so: Ich ging alleine ins Bett, bin morgens alleine aufgewacht und habe alleine gefrühstückt. (Das ist jetzt sinnbildlich gemeint, denn natürlich habe ich auch zu Lebzeiten meines Mannes oft alleine gefrühstückt). Aber es ist anders, wenn jemand nicht mehr da ist. Es ist einsam, auch wenn man nicht alleine ist, weil man ja dieses wundervolle soziale Netz hat.

Ich musste plötzlich alles alleine entscheiden, hatte nicht mehr den gewohnten Rückhalt und vor allem keine Ansprache mehr. Ich kam mit meinem süßen Seelenhund, der mir in dieser Zeit so enorm half vom Gassigehen nach Hause und es war niemand da, dem ich etwas erzählen konnte.

Ich war ja zuvor schon einmal rund 23 Jahre verheiratet, mit meinem verstorbenen Mann auch rund 17 Jahre zusammen – ich bin es einfach gewohnt, in einer festen Beziehung zu leben und NATÜRLICH **fehlt** mir dann etwas, wenn das nicht mehr so ist, nicht mehr so sein kann.

Es gibt viele überzeugte Singles, die ich aus ganzem Herzen bewundere! Ich wünschte, ich könnte mit mir alleine kompletten Frieden machen.

Aber ich merkte bald, dass das völlige Alleinsein für mich nichts ist. Es passt sozusagen nicht in meine Lebensplanung. Ich würde gerne mit einem Mann wieder enger zusammen sein.... Und deshalb begab ich mich in den Dating-Dschungel: unüberschaubar, abwertend, erniedrigend und alles andere als schön.

Wie schon erwähnt, hatte ich einmal alle Dating-Portale auf „Pausieren" gestellt, weil ich schlicht und ergreifend nicht mehr die Kraft zum Daten hatte: immer wieder Hoffnung, immer wieder Energie einbringen... Immer wieder eine **emotionale Achterbahnfahrt**: ich kann einfach nicht mehr und wie ich in meinem Kapitel „Dating-Burnout" geschrieben habe: ich bin durch! Pause, Erholung und so schnell nicht mehr verfügbar sein. Denn wenn ich eins gelernt habe bei all meinen Dating-Partnern: bei Manchen verhielt es sich definitiv so, dass ich lieber alleine bin und auch eine gewisse Einsamkeit in Kauf nehme, als mich auf eine Beziehung einzulassen, die mich weder erfüllt, noch bereichert oder mir vor allem nicht guttun würde.

**Einsamkeit** kann demnach ein finsteres Gefühl sein, und wird von Person zu Person sehr unterschiedlich erlebt. Viele Menschen beschreiben Einsamkeit als ein Gefühl innerer Leere oder so, als ob etwas Wesentliches und Wichtiges fehlt. Einsamkeit führt oft dazu, dass man sich isoliert oder abgekoppelt fühlt, als ob man von anderen abgeschnitten wäre.

### Und es gibt verschiedene Formen der Einsamkeit:

- **Soziale** Einsamkeit: sich nicht in ein soziales Netzwerk eingebunden fühlen.
- **Emotionale** Einsamkeit: man sehnt sich nach engen und vertrauensvollen Beziehungen.
- **Kulturelle** Einsamkeit: sich nicht als Teil der Gesellschaft zu fühlen.

> Sozial einsam bist Du dann, wenn Du keine oder nur wenige soziale Kontakte hast.

> Emotional einsam bist Du, wenn Du zwar soziale Kontakte hast, Du aber zum Beispiel Deine Gefühle nicht mit anderen teilen kannst oder Dich überwiegend unverstanden fühlst.

Auf jeden Fall bedeutet eine vermehrte Isolation und Einsamkeit Stress, der ernstzunehmende gesundheitliche Folgen wie Schlafstörungen, Depressionen und Herz-Kreislauf-Erkrankungen mit sich bringen kann. Das Schlimme daran ist, dass oft eine Art Teufelskreis entsteht. Denn häufig schämen sich einsame Menschen für ihre fehlenden sozialen Kontakte und ziehen sich noch mehr von anderen Menschen zurück. Das führt zu einem hohen Leidensdruck und wirkt sich natürlich insgesamt negativ auf die Lebensqualität aus.

Als Single kann das infolgedessen einsam machen, da man keine **dauerhafte emotionale Bindung** hat. Noch dazu kann es passieren, dass man so in seiner Einsamkeit versunken ist, dass es schwer wird, sich anderen zu öffnen. Die Angst vor dem erneuten Verlust einer tiefen Verbindung könnte zu einer Art **Angst vor neuen Beziehungen** führen.

Ich selbst habe zum Glück wirklich tolle Kontakte und ein gutes soziales Netz, aber das kann nicht jeder von sich behaupten. Mir würde es fehlen, wenn ich meine Sorgen nicht mit jemandem teilen kann, aber selbst hier muss man aufpassen, dass man selbst gute enge Freundschaften nicht überstrapaziert.

Und selbst ich, die aufgefangen wird, habe manchmal Angst vor neuen Beziehungen, weil ich schon so viel Ermüdendes und Unschönes erlebt habe. Und auch ich frage mich sehr oft, ob ich denn überhaupt noch beziehungsfähig bin. Ich habe mir mein Leben so herrlich eingerichtet und deshalb stellt sich mir manchmal tatsächlich die Frage, ob ein Partner darin noch Platz hat! ☺ Und gleichzeitig sehne ich mich natürlich doch nach einer tollen Partnerschaft!

Diese Gefühle kenne ich von ganz vielen Singles, denn ich treffe ja mittlerweile ganz viele Alleinstehende. Wer reflektiert ist, wird sich immer wieder einmal diese Fragen stellen.

Aber es gibt trotzdem noch einen positiven Aspekt an der „Einsamkeit": zwar ist der Begriff Einsamkeit meistens negativ besetzt, da er sofort mit negativen Emotionen befunden wird, allerdings kann man ihn auch positiv betrachten, wenn man ihm Eigenschaften wie „geistige Erholungsstrategie", „Gedanken sortieren und ordnen", oder „Kreativität" gibt. Denn auch das ist Einsamkeit: zu sich selbst zu finden, sich zu reflektieren und zu spüren, was uns wirklich guttut oder auch nicht...

### Anzeichen von Einsamkeit

Meistens merkt man selbst, dass man sich sehr alleine fühlt, aber es gibt trotzdem einige typische Symptome wie Isolation und das Gefühl, nicht verstanden zu werden. Wenn dann noch ein Rückzug aus sozialen Aktivitäten hinzukommt (da darf man sich kritisch beäugen) und man Schwierigkeiten hat, soziale Kontakte zu knüpfen und zu halten, dann sind das deutliche Hinweise – vor allem, wenn man sich schlecht oder depressiv dabei fühlt. Merkmale dazu sind, dass man sich mit anderen Dingen in seinem Leben abzulenken versucht. Diese Ablenkung ist solange positiv zu bewerten, bis sie exzessiv oder zur Sucht wird und wir dabei trotzdem ausbrennen.

Wenn man zu häufig oder über lange Zeit hinweg alleine ist, kann unser Körper mit Stress reagieren und schüttet dann das Stresshormon Cortisol aus. Wenn das dauernd so ist, steigt die Menge an Cortisol im Körper. Das begünstigt zum Beispiel Krankheiten wie Diabetes und Bluthochdruck und schwächt das Immunsystem. Auch psychischen Krankheiten, wie Depressionen, Angstzustände, ein zu geringes Selbstwertgefühl und Schlafstörungen können entstehen.

Das Fatale daran ist, dass diese Beeinträchtigungen uns isolieren können und uns daran hindern, die Dinge zu tun, die wir gerne tun würden.

Oft geht dies auch mit Gewichtszunahme einher, da man leider oft mit Essen seine negativen Gefühle kompensieren möchte.

Weitere Symptome der Einsamkeit könnten sein: Müdigkeit (Abgeschlagenheit); Nervosität und Reizbarkeit; Rückzug; Gefühl, leer zu sein; Probleme einzuschlafen oder durchzuschlafen und im schlimmsten Fall sogar Gedanken an den Tod.

## Tipps:
## Was tun gegen Einsamkeit?

Wichtig ist erst einmal, dass man die Symptome als solche wahrnimmt und sich dann noch in einem Zustand befindet, in dem man überhaupt handeln kann. Sollte es Dir schon extrem schlecht gehen, wende Dich bitte vertrauensvoll an einen Freund oder Deinen Arzt.

Wenn Du das Gefühl hast selbständig handeln zu können, dann versuche Dich zu vernetzen: rufe einen Freund an oder ein Familienmitglied, verschicke Textnachrichten – denn so bekommst Du Antwort und es kann ein Dialog entstehen. Mit diesen Hilfsmitteln kann man auch Entfernungen mühelos überbrücken. Wenn Du in Deinem Umfeld Menschen hast (auch Nachbarn), dann lade sie zum Kaffeetrinken ein oder geht in ein Café!

Ein Haustier hilft auch immer gegen Einsamkeit und bietet eine hohe emotionale Unterstützung, aber solch ein Schritt muss natürlich sehr reiflich überlegt werden!!!

Sich Vereinen anzuschließen oder Kurse (zum Beispiel bei der Volkshochschule oder auch online) zu belegen, hilft ebenfalls.

Prinzipiell ist es auch gut, sich mit der Nachbarschaft zu vernetzen: man könnte anbieten, Einkäufe zu erledigen oder sonstiges. Wichtig für Dich ist immer der richtige Umgang damit, um eine Abwärtsspirale oder dauerhafte Einsamkeit zu verhindern.

> Manchmal schadet es auch nicht, wenn man mal seine eigenen An -und Einsichten überprüft und ob uns vielleicht deshalb gerade nicht so viele Menschen begleiten. Zeige einfach Interesse an anderen Menschen.

**Deshalb:** Sei mutig und mach den ersten Schritt. ☺

## Einsamkeit

Fühlst Du manchmal diese Stille, die nicht von friedlicher Ruhe kommt, sondern von einer Leere um Dich herum?

Einsamkeit ist ein Gefühl, das sich in so vielen Formen zeigen kann.

Man kann von Menschen umgeben sein und sich trotzdem unglaublich allein fühlen.

Es ist wie ein unsichtbarer Schleier, der sich um das Herz legt und die Verbindung zur Außenwelt trüben kann.

Es ist wichtig zu wissen, dass Einsamkeit keine Schande ist und dass viele Menschen sie in unterschiedlichen Phasen ihres Lebens erfahren.

Sie kann sich anfühlen wie eine schwere Last, die auf den Schultern liegt, oder wie ein nagender Schmerz im Inneren. Manchmal raubt sie die Freude an Dingen, die früher selbstverständlich waren, und lässt die Welt grau und uninteressant erscheinen.

Doch inmitten dieser Gefühle gibt es Hoffnung ♥
Einsamkeit ist nicht das Ende einer Geschichte, sondern viel-
leicht ein Wendepunkt.
Es ist ein Zeichen, dass sich etwas verändern möchte, dass
ein Bedürfnis nach Verbindung und Austausch da ist.
Es braucht Mut, diesen Gefühlen Raum zu geben und sich
ihnen zu stellen.
Erlaube Dir, diese Empfindungen anzunehmen, ohne Dich
dafür zu verurteilen ♥
Sei sanft zu Dir selbst, so wie Du es zu einem lieben Freund
wärst, der sich einsam fühlt ♥
Und wisse, dass Du nicht allein bist mit diesem Gefühl♥
Viele Wege führen aus der Einsamkeit, auch wenn sie im
Moment vielleicht noch verborgen scheinen ♥

---

„Einsamkeit ist nicht das Fehlen von Gesellschaft, sondern das
Gefühl, von niemandem verstanden zu werden."

„In der Stille der Einsamkeit hört die Seele ihre eigenen, tiefsten
Melodien."

„Manchmal ist die größte Armut nicht der Mangel an Geld, sondern der Mangel an Verbundenheit."

„Einsamkeit kann ein stiller Raum sein, in dem wir uns selbst
neu begegnen können."

„Es ist besser, allein zu sein,
als in schlechter Gesellschaft."

# Selbst-ZWEIFEL

### ZWEIFEL killen mehr Träume, als Fehler es jemals tun könnten!

**Zweifel, das kennt jeder von uns. Wer war nicht schon mal völlig verzweifelt?**

Der Zweifel ist ein Zustand der Unentschiedenheit zwischen mehreren möglichen Annahmen, da entgegengesetzte oder unzureichende Gründe zu keinem sicheren Urteil oder einer Entscheidung führen können. Und vielleicht droht einem plötzlich alles, an das man vorher geglaubt hat, wegzubrechen.

Aber es gibt auch den guten Umkehrschluss vom Zweifeln. Nämlich dann, wenn jemand sich selbst gut reflektiert und dann und wann auch mal sich selbst anzweifelt, **um seinen Charakter auszubilden.** Wenn der Zweifel also dazu genutzt wird, ist er positiv, weil wir auf viele (Selbst-) Erkenntnisse stoßen. Zweifel führen im besten Fall also dazu, dass wir innehalten, uns und die Situation reflektieren und hinterfragen. Sie verhindern, dass wir blind in Sackgassen rennen. Zweifel sind also grundsätzlich erst einmal nichts Schlechtes - wir müssen nur lernen, richtig mit ihnen umgehen und sie nicht gegen uns einzusetzen.

Es kommt deshalb immer darauf an, wie wir mit den aufkommenden Zweifeln umgehen. Denn dann macht es den Unterschied aus, ob wir andauernd mit Selbstzweifeln kämpfen oder ob wir sie relativ schnell hinter uns lassen können.

Mir geht's heute aber um den Zweifel, der uns zerstören kann, der uns Träume, Illusionen und Hoffnung raubt! Der uns so verzweifeln lässt, dass wir kaum noch alleine wieder hochkommen und am Boden zerstört sind. Denn Zweifel, die sich auf emotionaler Ebene abspielen, sind eine Unentschlossenheit zwischen Glauben und Unglauben. Sie können Unsicherheit, Misstrauen oder mangelnde Überzeugung hinsichtlich bestimmter Fakten, Handlungen, Motive oder Entscheidungen beinhalten. Zweifel können dazu führen, dass relevante Maßnahmen aus Angst vor Fehlern, Scheitern oder verpassten Gelegenheiten verzögert oder abgelehnt werden.

Und hier kommt unser **Dating-Dschungel** ins Spiel. Aus Angst verletzt zu werden, vor Fehlern, vor Unsicherheiten und gemachten schmerzvollen Erfahrungen könnten wir zurückhaltend werden oder uns gleich ganz zurückziehen.

Zweifel, dass wir nicht das erbringen können, was ein zukünftiger Partner eventuell von uns erwartet, Zweifel, aus verschiedenen Gründen nicht mehr mithalten zu können, unangenehm aufzufallen oder in eine Schublade gesteckt zu werden. Angst und Zweifel vor Bindung kann ebenfalls hinzukommen.

Jeder von uns hat seine Erfahrungen gemacht und die mögen nicht immer gut gewesen sein. Ausgrenzungen, blöde Bemerkungen oder Kommentare: das haben Viele erlebt und daraus entwickeln sich eventuell Ängste, die den ZWEIFEL leider begünstigen.

Besonders mit Partner-Beziehungen oder auch NICHT-Beziehungen haben wir unsere Erlebnisse im Dating-Dschungel. Wir haben eventuell Missbrauch und Aggression erlebt, Lügen und Fakes… und natürlich macht das etwas mit uns. Auch wenn wir noch so gut vernetzt sind, selbstbewusst und abgeklärt sind: solche unschönen oder auch traumatischen Erlebnisse hinterlassen Spuren. Seelische und auch eventuell körperliche. Und aus Spuren können harte Vernarbungen, Traumata und Ängste/Zweifel entstehen und aus bodenständigen Menschen ein Wrack werden lassen.

Diese Ängste und Zweifel lassen sich auch nicht verniedlichen: man muss ihnen ins Auge blicken und ihnen im Endeffekt die Stirn bieten, um nicht unterzugehen. Das ist Schwerstarbeit, die man auch nicht alleine schaffen muss, sondern man darf sich Hilfe und Unterstützung suchen, denn meistens ist das Selbstbewusstsein gehörig angekratzt worden und nicht selten löst das alles auch Schuldgefühle aus, die absolut nicht nötig sind.

Selbst-Zweifel können Menschen zerstören und deshalb greife ich dieses Thema hier auch auf.

Bei meinen Interviews habe ich erfahren, dass viele Suchende aufgegeben haben: nicht, weil sie genervt oder ärgerlich waren, sondern weil sie sich selbst nicht mehr als wertvoll betrachteten! Aus genau diesem Grund gibt es dieses Buch! Niemand sollte sich dermaßen fertigmachen lassen und sollte es dennoch passieren, darf man sich bitte bitte Hilfe holen (Arzt, Psychotherapie, Heilpraktiker psych., oder auch Coaches und Lebensberater). Es ist so wichtig, dass nicht DEIN Selbstbewusstsein leidet, weil irgendein kranker Mensch Dich schlecht behandelt hat!!!

Ich weiß aus eigener Erfahrung, was zum Beispiel verbaler Missbrauch anrichten kann und wie ich nun schon ein paar Mal hier erwähnte, bin ich ein selbstbewusster und gut reflektierter Mensch. Trotzdem hat mich so manches Erlebte umgehauen und ich habe Zeit gebraucht, wieder hervorzukommen.

Stelle Dir dafür gerne das Bild von „Phönix aus der Asche" vor. Mit ein paar Klienten habe ich das schon manifestiert: DU allein entscheidest, wie Du aus schlimmen Erfahrungen herauskommst: DU hast die Wahl – zu versacken oder alles zu tun, um wie Phönix aus der Asche zu steigen und wieder loszufliegen, mit breiten sicheren Flügeln und hoch hinaus, so dass Du Dir aus der Vogelperspektive alles anschauen kannst. Dann werden manche Probleme nämlich kleiner und man erkennt auch sich selbst in einer anderen Perspektive. Phönix aus der Asche: so wirst Du siegen über all die Herausforderungen, die sich Dir im Dating-Dschungel in den Weg stellen.

Und denke daran: Aus Steinen, die Dir in den Weg gelegt werden, kannst Du etwas Wundervolles bauen.

Aus Steinen, die einem in den Weg gelegt werden, kann man sich was Schönes bauen...

Foto: Heike Fuhr

Du kannst Dir hohe Türme bauen, in denen Du sicher bist – einer Festung gleich. Du kannst aber auch Brücken bauen und das gestalten, nachdem Dir gerade ist. Steine, die im Weg liegen bedeuten nicht unbedingt eine Schranke oder ein Hindernis. Es ist der Umgang mit diesen Steinen, der Dir den Weg im wahrsten Sinn des Wortes frei macht! ☺

Das alles schafft man nicht sofort, auch nicht von heute auf morgen. Um beim Gleichnis der Steine zu bleiben: es kann ein steiniger Weg werden, ja, aber Du wirst tolle Kunstwerke auf diesem Weg zaubern: der Weg ist das Ziel! Und Du schaffst das, weil Du schon so Vieles geschafft hast!

Und noch etwas: Gib niemals einem anderen Menschen so viel Macht über Dich, dass er Dich zerstören könnte. DU spielst die Hauptrolle in Deinem Leben und DU bestimmst, wo es langgeht!

Nimm deine Stärke an, nimm sie an die Hand und geht gemeinsam wie Phönix aus der Asche Euren Weg und schwebt hoch in den Lüften – FREI! ☺

Aber man kann aufkommende Zweifel auch so betrachten: sie können Boten Deiner Seele sein, die Dich ermutigen, Dich mit Dir selbst und Deinen Werten auseinanderzusetzen. Beispiele als Überlegung wären: Was ist mir wirklich wichtig im Leben? Was möchte ich aus meinem Leben machen? Wie glücklich bin ich und welche wundervollen Ressourcen habe ich?

Zweifel helfen demnach, zu prüfen, ob Dein eigener Weg noch Deiner inneren Wahrheit entspricht.

Vieles wandelt sich im Leben, weil wir uns weiterentwickeln und zum Glück nicht in einem Zustand verharren. Veränderung ist wichtig.

### So kannst Du Deine Selbstzweifel überwinden

Das heißt also: wenn wir uns in einer Situation befinden, die uns an uns zweifeln lässt oder an der wir verzweifeln, hilft erst einmal Abstand! Das sogenannte STOPP-Wort kommt zum Einsatz und das bedeutet, sich mitten im Zweifel laut das Wort STOPP zu sagen um das Gedankenkarussell zu unterbrechen und um aus dem Drama, das sich in unserem Inneren abspielt, herauszukommen. Stopp. Tief durchatmen, ruhiger werden. Und wenn man sich beruhigt hat, kann man die Situation auch besser von außen betrachten und zwar am besten so, als ob ein guter Freund auf UNSERE Situation schaut und uns dann einen liebevollen Rat geben würde. Wenn man kurz ins Außen geht, in die Beobachterrolle, kann man anschließend viel besser *bei sich bleiben*!

Und dann tu Dir einen ganz wichtigen Gefallen: Erinnere Dich an Deine bisherigen Erfolge!

Denn DU hattest Erfolge in Deinem Leben, sogar inmitten Deiner Dramen! Der allergrößte Erfolg ist der, dass Du niemals wirklich AUFGEGEBEN hast, denn sonst wärst Du nicht mehr hier und würdest dies auch nicht lesen!

Überlege wirklich gründlich, wo Deine Stärken liegen und wo Deine Erfolge sind! Du wirst staunen! ☺

Also: Mach Dir Deine eigenen Stärken bewusst. Was kannst Du besonders gut? Wann und warum fragen Dich andere um Rat? Was fällt Dir leicht? Womit kannst Du begeistern - Dich und Andere?

Und bitte betrachte Deine Fehler und Schwächen (die zu JEDEM Mensch dazugehören) nicht als Scheitern, sondern als Chance und Möglichkeit. Es mag abgedroschen klingen, aber Probleme nicht als „Problem" mit Schwere wahrzunehmen, sondern als Herausforderung, die Du schaffen wirst – das hilft tatsächlich. Denn Du hast schon so Vieles geschafft! Mache Dir das immer wieder bewusst! ☺.

Vergleiche Dich mit niemandem außer mit Dir selbst. Vergleiche sind unsinnig, da man niemals wirklich dahinter schaut und den gesamten Komplex kennt. Man sieht immer nur das, was Andere uns sehen lassen. Vergleiche Dich niemals mit Anderen, das ist unsinnig!

Deshalb ist es sinnvoll, unsere eigenen guten Eigenschaften zu erkennen, denn nur so können wir motiviert und auch mutig bleiben. Denn wenn wir nur unsere Schwächen, Verfehlungen oder sonstiges Unschönes an uns wahrnehmen, werden wir uns unweigerlich auch klein fühlen und kommen wieder ins Vergleichen mit anderen....

Und dann gibt es noch eine wundervolle Übung, die auch zum positiven Mindset passt, das ich immer wieder erwähne: Stelle Dir jede Situation vorher so vor, wie Du sie erleben willst. Das beflügelt Deinen Geist und manifestiert sich in einem gewissen Rahmen! ☺

Zweifel sind also dann ok, wenn sie uns dazu dienen, uns zu reflektieren. Dann sind sie gesund. Das heißt, dass Selbstzweifel existieren, um uns beispielsweise zu helfen, dass wir auch einmal erkennen dürfen, dass wir nicht immer Recht haben. Mit Selbstzweifeln fordern wir uns selbst heraus, da wir dann bewusst nach innen blicken. Mit etwas Selbstzweifel sind wir demütiger und können besser mit anderen umgehen.

Ungesund dagegen werden sie, wenn Selbstzweifel zu einem andauernden Zustand werden. Das Problem das daraus erwächst, kann bedeuten, dass wir uns selbst im Wege stehen und es uns schwerfallen könnte, auch die guten Seiten an uns wahrzunehmen. Dann würden wir uns in ihnen verlieren, was definitiv nicht gesund ist!

Ich wünsche Euch allen gute Selbstzweifel und das Erkennen der eigenen Werte und Stärken und dass Ihr diese von jenen unterscheiden könnt, die Euch nicht guttun und Euch in eine Abwärtsspirale ziehen!

## Selbstzweifel in Bezug auf eine Beziehung

Wenn Du am Anfang oder in der ersten Phase einer Beziehung spürst, dass die Verliebtheit rasant abnimmt, oder Du plötzlich feststellst, dass Ihr gar nicht harmoniert oder Dich die Beziehung gar belastet, dann nimm gut Deine eigenen Gefühle wahr und sortiere sie. Auch wenn Du das Gefühl hast, dass diese Beziehung nicht an die Beziehungen heranreicht, die Dich früher erfüllt haben, dann mache Dir Gedanken, was Du wirklich empfindest und dass Du Dich vielleicht nur deshalb nicht trennst, weil Du Angst vor dem Alleinsein hast!

Was man auch noch wissen darf, ist, dass Selbstzweifel oft aus negativen Kindheitserlebnissen resultieren - wie ständiger Kritik, Mobbing und Beschimpfungen oder Demütigungen und Erniedrigungen. Wenn man älter und erwachsen wird, haben wir oft längst begonnen, diese negativen Kommentare zu verinnerlichen und glauben, dass wir nicht gut genug sind.

Somit ist klar, dass jedes Paar Zweifel hat. Das ist natürlich und auch unvermeidlich! Ohne Zweifel zu leben, bedeutet ja auch, sich selbst nicht zu hinterfragen oder zu reflektieren und es geht immer in der Paarbeziehung um ZWEI Menschen, deshalb können Zweifel im Laufe einer gesunden Beziehung mehr als einmal auftauchen! Die gute Nachricht ist, dass man daran arbeiten kann und wenn man eine gute Kommunikation miteinander hat, kann man sie auch schnell ausräumen und sogar als Chance nutzen, um sich jeweils weiterzuentwickeln! Und es ist etwas, das man verarbeiten kann.

# ❣ Wohltuendes für DICH ❣

Hey, Du wunderbarer Mensch ❣
Spürst Du gerade diese nagenden Zweifel?
Es ist okay, das zuzulassen.
Jeder von uns kennt diese leise Stimme, die uns kleinmachen will.
Aber diese Stimme erzählt nicht die ganze Wahrheit.
Sie übersieht nämlich all das, was Du schon erreicht hast, all Deine Stärken und all die Male, in denen Du über Dich hinausgewachsen bist ❣ ❣ ❣

Erinnere Dich daran: Du bist wertvoll,
genau so wie Du bist ❣

Deine Fehler sind nicht Dein Ende, sondern Schritte auf Deinem Weg. Sei sanft zu Dir, so wie Du es zu einem lieben Freund wärst ❣
Du bist genug ❣
Atme tief durch und wisse, dass in Dir eine unglaubliche Kraft wohnt, die stärker ist als jeder Zweifel.

# SELBST-ACHTUNG und Selbstwertgefühl

Selbstachtung ist eng verknüpft mit dem Selbstwert (auch: Selbstwertgefühl, Selbstwertschätzung, Selbstachtung, Selbstvertrauen, oder unpräziser: Selbstbewusstsein, Eigenwert, umgangssprachlich auch Ego). Die Psychologie versteht darunter die Bewertung, die man von sich selbst hat. Das kann sich auf die Persönlichkeit und die Fähigkeiten des Individuums, die Erinnerungen an die Vergangenheit und das Ich-Empfinden oder auf das Selbstempfinden beziehen. Äußere Faktoren können das Selbstvertrauen prägen, wenn bei bestimmten Anforderungen hinreichend objektive Gründe gegeben sind, wie zum Beispiel Methodenkompetenz, ausreichende Kenntnisse oder Erfahrungen, wiederholte Tätigkeiten in ähnlichen Situationen oder Ähnliches. Ein hohes *Selbstvertrauen* gegenüber Anforderungen zeigt sich, wenn vorausschauend eingeschätzt wird, dass diese Situation gut gemeistert werden kann. Ein zu hohes Selbstwertgefühl muss jedoch keineswegs günstig sein und kann sich zu Überheblichkeit entwickeln, was bei anderen Antipathie hervorruft. (Quelle: Wikipedia.de)

**Sechs Säulen des Selbstwertgefühls:**

Neben den im Laufe der Entwicklung wichtigen Faktoren zu einem gesunden Selbstwertgefühl, nennt der Psychologe Nathaniel Branden die folgenden Bedingungen, die „die sechs Säulen des Selbstwertgefühls" bilden:

1. Bewusstes Leben
2. Selbstannahme
3. Eigenverantwortliches Leben
4. Selbstsicheres Behaupten der eigenen Person
5. Zielgerichtetes Leben
6. Persönliche Integrität

Authentische Selbstsicherheit und Selbstwertgefühl sind nach der Meinung Brandens in einem positiven Ansatz weitgehend abgekoppelt von der Rückmeldung eines Gegenübers. (Wikipedia.de)

Wenn die ACHTUNG vor sich SELBST da ist, schätz man die eigene Person wohlwollend. Wenn wir andere Personen achten, dann schätzen wir sie auch, dann sind wir ihnen gegenüber respektvoll und höflich. Genau das sollten wir auch uns selbst gegenüber gelten lassen. Ähnlich wie beim Selbstvertrauen würde eine mangelnde Selbstachtung beinhalten, dass wir uns selbst ablehnen, uns ungesund hinterfragen und immer befürchten, andere könnten schlecht über uns denken. Das verursacht Stress und Angst und kann sich in körperlichen Symptomen äußern – beispielsweise in Depressionen und Erschöpfung.

Die „Zauberformel" um an mehr Selbstachtung zu gelangen wäre demnach, sich vorzustellen, wie wir anderen Menschen gegenüber in bestimmten (Problem)-Situationen reagieren würden. Würden wir sie beschimpfen, oder würden wir sie eher trösten und ihnen versuchen zu helfen? Mit Sicherheit würden wir die letzten beiden Dinge tun und dies gilt es sich zu verdeutlichen. Wir mögen unsere Freunde auch mit all ihren Schwächen, Fehlern oder Macken. Und sie uns ebenfalls. Deshalb dürfen auch wir uns SELBST mit all diesen Schwächen mögen…
Dazu gehört natürlich auch, dass wir die Erwartungen an uns auf ein normales Maß herunterschrauben und es uns bewusst ist, dass wir nicht perfekt sein müssen. Lernen wir also, uns anzunehmen, mit all den kleinen Schwächen und zollen wir uns selbst gegenüber Respekt, gehen höflich mit uns um und genauso so tolerant, wie wir auch mit einem Freund umgehen würden! ☺

In Bezug aufs Dating bedeutet das für uns, dass wir zu uns selbst stehen, dass wir uns nicht sofort verunsichern lassen oder auch nicht „gleich den Schuh anziehen" wollen… Wenn wir eine gewisse Selbst-Achtung ausstrahlen, können wir auch anders behandelt werden…. Und wir können uns auch selbstsicherer erwehren, wenn es zu Missverständnissen oder gar Vorwürfen kommt.
Wie oft habe ich mir in der letzten Dating-Phase gesagt: „Das hast Du nicht nötig!" und wie oft haben es Freundinnen zu mir gesagt, damit ich es verinnerliche! ☺

# Wie gehe ich mit mir selbst oder mit jemand anderem um, wenn das Selbstwertgefühl verletzt wurde?

**Das Wichtigste ist, dass Du ehrlich, einfühlsam und geduldig bist!**

Jemand, der sich gesehen und angenommen fühlt, kann langsam beginnen, sich selbst wieder anzunehmen.

Hier sind Worte, die Du (auch Dir selbst) sagen kannst:

„Es tut mir weh zu sehen, dass Du so über Dich denkst. Ich wünschte, Du könntest Dich durch meine Augen sehen – du würdest erkennen, wie viel in Dir steckt."

„Du bist nicht, was Dir passiert ist. Und du bist auch nicht das, was andere Dir eingeredet haben."

„Du musst nichts leisten, um wertvoll zu sein. Du bist es einfach. So, wie Du bist – gerade jetzt."

„Es ist okay, verletzt zu sein. Es heißt nicht, dass Du schwach bist – im Gegenteil: Dass Du weitermachst, zeigt Deine Stärke."

„Ich bin da. Nicht, um Dich zu retten – aber um Dich zu begleiten und aufzufangen, wenn Du das magst. Du musst das nicht alleine tragen."

**Was du vermeiden solltest (auch wenn es gut gemeint ist – und auch Dir SELBST gegenüber):**

- „Ach, das wird schon wieder." → Klingt nach Abwinken.
- „Aber du bist doch toll!" → Klingt oberflächlich, wenn es nicht konkret ist.
- „Denk einfach positiv!" → Klingt wie: Deine Gefühle sind falsch.

Noch wichtiger als Deine Worte ist Dein Verhalten: Sei zuverlässig und ehrlich – damit schaffst Du Sicherheit.

Vermeide Bewertungen oder Vergleiche.

Feiere kleine Schritte, ohne Druck zu machen.

Erinnere die Person regelmäßig daran, dass sie wichtig ist – nicht wegen dem, was sie tut, sondern wegen dem, was sie ist.

❧ *Wohltuende Worte für DICH, wenn Du verletzt wurdest:* ❧

*Hey, du.*
*Ich weiß, gerade fühlt sich alles schwer an. Vielleicht zu schwer. Vielleicht bist Du müde vom Kämpfen, vom Denken, vom Fühlen. Und ich weiß, es gibt keine Worte, die all das wegmachen können. Aber ich möchte, dass Du eins weißt: Du bist nicht allein. Ich bin da – auch wenn ich nicht alles verstehe, auch wenn ich keine Lösungen habe, aber ich bin da. Mit einem offenen Ohr, einer offenen Hand, einem offenen Herzen.*
*Du musst heute nichts beweisen. Nicht stark sein, nicht funktionieren, nicht erklären. Du darfst einfach sein. So, wie Du bist. Mit allem, was gerade in Dir ist. Und wenn Du das Gefühl hast, Du fällst – dann denk daran: Ich halte Dich mit, so gut ich kann. Du bist wichtig. Du bist genug. Du bist liebenswert. Egal, wie sich Dein Inneres gerade anfühlt. Vergiss das bitte nicht. Ich bin hier. Wirklich.*

*Der Schatz in DIR ❣*
*Stell dir vor, Du hältst einen kostbaren Schatz in Deinen Händen.*
*Dieser Schatz bist DU❣*
*Betrachte ihn mit Liebe und Wertschätzung.*
*Jede Facette, jede Ecke, jede noch so kleine Besonderheit macht ihn einzigartig und wertvoll.*
*Deine Selbstachtung ist dieses Gefühl der tiefen Wertschätzung für Dich selbst.*
*Sie ist das Wissen, dass Du liebenswert und wertvoll bist, einfach weil Du existierst.*
*Pflege diesen Schatz, indem Du freundlich zu Dir selbst bist, Deine Bedürfnisse achtest und deine Grenzen respektierst.*
*Du verdienst es, mit Güte behandelt zu werden – von anderen und vor allem von DIR SELBST❣*
*Deine Gefühle sind wichtig, Deine Gedanken haben Gewicht, und Deine Existenz bereichert die Welt.*
*Erlaube Dir, Dich selbst anzunehmen und zu lieben, mit all Deinen Stärken und vermeintlichen Schwächen.*
*Denn DU bist wundervoll, genau so wie DU bist❣ ❣ ❣*

# Kränkungen

Mit dem Begriff Kränkung wird die Verletzung eines anderen Menschen in seiner Ehre, seinen Gefühlen, insbesondere seiner Selbstachtung bezeichnet. Sigmund Freud sah die „Narzisstische Kränkung" als Selbstwertkränkung infolge einer Zurückweisung.

**Was kränkt macht krank.**

Das klingt so einfach und doch möchten wir dies weder erleben, noch ausbaden müssen. Kränkungen und Demütigungen begegnen uns auf vielfältige Art und Weise.

Eine Demütigung ist die den Selbstwert, die Würde und den Stolz angreifende beschämende und verächtliche Behandlung eines Anderen, oft auch im Beisein oder vor den Augen anderer Personen. Demütigung kann Ausdruck einer gezielten Aggression oder Provokation sein. Auch ein Misserfolg, der als Scheitern oder Niederlage bewertet wird, wird oft als Demütigung aufgefasst. (Wikipedia.de).

Kein Wunder also, wenn uns unter bestimmten Umständen (wenn wir wenig Selbstbewusstsein haben oder Triggerpoints angepickt werden) eine unschöne Dating-Erfahrung als Niederlage oder gar als Demütigung erscheint. Wir dürfen uns nur nicht in sie hineinfallen lassen, müssen versuchen, erhaben zu bleiben und sie nicht auf unsere komplette Person zu beziehen, denn wir sind mehr als diese Situation!!! Für depressive und unsichere Menschen ist diese Gratwanderung aber schier unmöglich. Ablehnung, unsachgemäße Ratschläge, wie „Reiße Dich mal zusammen", Bewertung und Vieles mehr kann zusätzlich noch von außen auf sie zustürmen. Ein verzweifelter Mensch ist dem machtlos ausgeliefert und fühlt sich noch trauriger, noch unverstandener und somit noch gedemütigter.

Interessant ist aber der Aspekt, dass wir eine Aussage unseres Gegenübers als kränkend empfinden und uns somit leider selbst die Kränkung zufügen, da wir seine Worte als verletzend und kränkend **WERTEN**. Unsere Verletzbarkeit hängt in einem sehr hohen Maße von unserem Selbstwertgefühl ab. Ein Mensch mit geringem Selbstwertgefühl und/oder einer geringen Selbstachtung wird eine unbedachte Äußerung schneller als Angriff oder Beleidigung verstehen.

Dating kann uns krank oder depressiv machen, und kann definitiv als Demütigung aufgefasst werden. Viele Datingpartner verhalten sich auch absolut verletzend und erniedrigend. Wie oft hat mich mein Humor gerettet, einer seltsamen Situation noch etwas Witziges abgewinnen zu können, ohne dass ich völlig verzweifelt wäre.

Manchmal denke ich, dass Dating einer Kränkung gleicht. Natürlich gibt es auch Ausnahmen, aber das, was ich beispielsweise in der letzten Phase erlebte, war dermaßen haarsträubend, dass mein Selbstwertgefühl stark gelitten hätte, wenn ich manch eine Kränkung nicht auf mich persönlich bezogen hätte, sondern zum Glück klar unterscheiden konnte, dass dies hier gerade nicht ICH bin, sondern dass mein Gegenüber ein generelles Problem hat und vermutlich einfach gerne andere Menschen erniedrigt, um selbst besser dazustehen. Diesen Schuh darf man sich dann definitiv nicht anziehen! ☺

*Es gibt Worte und Taten, die wie kleine Stiche ins Herz zu spüren sind und manchmal tiefer sitzen, als wir zugeben möchten.*

*Kränkungen können uns verletzlich fühlen lassen und Fragen in uns aufwerfen. Es ist wichtig zu wissen, dass diese Gefühle ihre Berechtigung haben.*

*Erlaube Dir, die Empfindungen anzunehmen, ohne Dich dafür zu verurteilen. Es ist ein Zeichen Deiner Sensibilität, dass Dich diese Erfahrungen berühren. Aber lass diese Verletzungen nicht zu einem festen Bestandteil Deiner Geschichte werden. Wie ein Stein im Fluss können Kränkungen den Lauf kurzzeitig behindern, aber das Wasser findet seinen Weg weiter. Auch DU hast die Kraft, weiterzugehen. Nimm die Erfahrung an, lerne daraus, und erlaube Dir, zu heilen. Du verdienst es, frei von dem Schmerz vergangener Verletzungen zu sein. Sei geduldig mit Dir selbst; Heilung braucht Zeit. Und wisse, dass Deine innere Stärke größer ist als jede Kränkung, die Du erfahren hast.*

# Erniedrigungen

Wenn jemand über längere Zeit immer wieder erniedrigt oder klein gemacht wird – sei es durch Worte, Verhalten oder systematische Ausgrenzung – hat das oft tiefe psychische, emotionale und sogar körperliche Folgen. Es ist eine Form von emotionalem Missbrauch oder psychischer Gewalt.

Dies kann Folgen haben:

1. Verlust des Selbstwertgefühls: Menschen, die ständig abgewertet werden, beginnen irgendwann zu glauben, dass sie wirklich „weniger wert" sind. Das Selbstbild verformt sich. Aus „Ich wurde verletzt" wird „Ich verdiene das vielleicht".
2. Chronisches Misstrauen und Angst: Du wirst vielleicht oft übervorsichtig, weil Du Durch diese Erniedrigung verinnerlicht hast, dass Nähe auch Gefahr bedeuten kann.
3. Innere Leere oder emotionale Taubheit: Wenn Schmerz zur Gewohnheit wird, schaltet sich das Gefühl ab. Manche Menschen spüren kaum noch Freude, andere distanzieren sich innerlich völlig von sich selbst.
4. Depressionen, Angststörungen oder Traumata: Erniedrigung kann langfristig zu psychischen Erkrankungen führen – besonders, wenn solche Dramen in der Kindheit, Beziehung oder Familie passiert sind. Sie kann Flashbacks, Schlafstörungen oder Panikattacken auslösen.
5. Selbstsabotage und destruktive Beziehungen: Wer sich selbst nichts zutraut oder glaubt, „nicht liebenswert" zu sein, landet leider oft in Beziehungen, die dieses Gefühl weiter verstärken – und wiederholt unbewusst alte Muster.
6. Rückzug oder übermäßiger Anpassungsdruck: Manche Menschen ziehen sich völlig zurück, andere passen sich übermäßig an, um niemanden zu „stören" – und verlieren dabei sich selbst.

➤ Erniedrigung hinterlässt Wunden – aber kein Mensch ist auf ewig gebrochen. Mit Zeit, guter professioneller Begleitung (beispielsweise Therapie) und neuen Erfahrungen kann der innere Wert wiedergefunden werden.

➤ Selbstvertrauen kann wieder wachsen, wenn es wieder gesehen, gespiegelt und geschützt wird.

# MUTMACHER:

*Und hier kommt ein kleiner Mutmacher und Trost für alle jene, die so etwas schon erleben mussten:*

*Zur Ermutigung für jemanden, der viel Erniedrigung erlebt hat, und zugleich als Wegweiser für Menschen, die ihm oder ihr beistehen möchten:*

*DU hast viel geschluckt. Zu oft gehört, Du seist nicht genug. Du hast zu oft geschwiegen, weil man Dir beigebracht hat, dass Deine Stimme nichts zählt. Vielleicht hast Du irgendwann angefangen, diesen Stimmen zu glauben. Aber sie entsprechen nicht der Wahrheit. Niemand hat das Recht, Dich klein zu machen – denn Dein Wert ist nicht verhandelbar. Er war immer da. Auch dann, wenn Du all das selbst nicht mehr fühlen konntest. Du bist nicht „zu empfindlich". Du bist nicht „schwierig". Du bist jemand, der verletzt wurde – und trotzdem noch fühlt, noch glaubt, noch steht. Es ist okay, wenn Du nicht sofort vertraust. Es ist okay, wenn Du zweifelst, wenn Du weinst, wenn Du Dich manchmal selbst nicht erkennst.*

*Aber bitte: Verliere Dich nicht!*

*Du bist nicht das, was andere Dir eingeredet haben. Es braucht Zeit, zu heilen. Aber Du brauchst diesen Weg nicht alleine zu gehen. Hole Dir Hilfe oder rede mit vertrauten Personen.* ❣

**Und für alle, die so einem Menschen begegnen:**
Sei still, bevor Du redest. Hör zu, ohne zu bewerten. Stell keine Diagnose – biete einfach Halt. Oft braucht es keine Ratschläge. Nur Echtheit. Geduld. Und ein **„Ich sehe dich"**!

Dräng ihn nicht, sich zu öffnen. Aber bleib in der Nähe, wenn er es tut. Sei nicht beleidigt, wenn Misstrauen aufkommt. Es ist kein Misstrauen gegen Dich – sondern gegen das, was war. Und vor allem: Bleib. Wenn Du bleibst, wo andere gegangen sind, kann das mehr heilen, als Du denkst.

# Kompromissbereitschaft

Kompromisse zu schließen, scheint zu unserem Leben dazuzugehören und Kompromisse erleichtern mit Sicherheit den Alltag, auch im Zusammenleben mit anderen oder einem Partner.

Kompromisse zu schließen kann so viel Gutes bewirken, aber auch einseitig werden. Wenn immer nur einer der Betroffenen Kompromisse eingeht, dann kann das auf Dauer sehr ungesund ausgehen, da dann keine Balance mehr herrscht.

### Was versteht man unter Kompromissfähigkeit?

Kompromissfähigkeit ist die Bereitschaft, in einem Konflikt oder einer Verhandlung Kompromisse einzugehen. Kompromissfähige Menschen wollen eine gemeinsame Lösung finden, von der alle Beteiligten profitieren, statt absolut auf den eigenen Vorstellungen und Erwartungen zu verharren.

Das wäre also das, was einer Beziehung jeglicher Art guttut und sie bereichert.

In diesem Sinne ist ein Kompromiss die Lösung eines Konfliktes durch gegenseitige freiwillige Übereinkunft, unter beiderseitigem Verzicht auf Teile der jeweils gestellten Forderungen. Die Verhandlungspartner gehen aufeinander zu und sind sich wohlgesinnt. Das bedeutet auch, dass wir dann über Kompromissbereitschaft verfügen, wenn wir die konträren Interessen erfassen und dabei vertrauensvoll die Meinungen und Ziele aller Beteiligten erfragen und ein Ergebnis erzielen, das von allen getragen werden kann und die Einigung somit einvernehmlich ist.

Wichtig dabei ist, dass alle Beteiligten freiwillig nach einer gemeinsamen Lösung suchen und offen für die Meinung der anderen sind - das heißt, auch offen für andere Haltungen sind und bereit zu sein, die eigene Stellungnahme zu überdenken.

### Warum ist Kompromissfähigkeit wichtig?

Ideale Kompromisse sind für alle Beteiligten vorteilhaft. Natürlich geht das nicht immer, aber oft findet man sogenannte Win-Win-

Lösungen. Ist so ein Ergebnis nicht möglich, dann sollte es wenigstens für alle Seiten akzeptabel und befriedigend sein.

**Kompromissbereitschaft ermutigt den Einzelnen, die Sichtweise anderer zu berücksichtigen und fördert Empathie. Wenn wir zu Kompromissen bereit sind, zeigen wir unsere Bereitschaft, die Bedürfnisse und Wünsche anderer zu verstehen und uns in sie hineinzuversetzen. Diese Empathie stärkt Beziehungen und schafft ein Gefühl der Verbundenheit und des Verständnisses.**

Wenn ein gutes Resultat herauskommt, kann das für alle Beteiligten ein sehr zufriedenes Gefühl hervorbringen und sogar richtig glücklich machen.

In einer Partnerschaft können Kompromisse deshalb auch zum gemeinsamen Verständnis und Glück beitragen. Deshalb sind sie ein wichtiges Mittel in Beziehungen, da sie zur Lösung von Konflikten beisteuern. Denn eine geringe Kompromissbereitschaft und das Bestehen auf die eigene Meinung und Ansicht, kann zu wiederholten Konflikten führen, die die Beziehung mit der Zeit schädigen können.

Das Ergebnis kann man auch als Konsens bezeichnen: Es werden neben den angestrebten Lösungen der Beteiligten noch zusätzlich neue Konfliktlösungen einbezogen. Die Beteiligten suchen gemeinsam nach einer Lösung, die beide Parteien zufriedenstellt.

### Wie gehen Paare gute Kompromisse ein?

Kompromisse in Liebesbeziehungen bedeuten einen Mittelweg zwischen den Wünschen, Gewohnheiten oder Vorlieben der jeweiligen Partner zu finden. Kompromisse bedeuten, dass die Partner gemeinsam wichtige Entscheidungen darüber treffen, wie sie zusammenleben, ihre Zeit verbringen oder Aufgaben erledigen möchten.

### Wie man einen guten Kompromiss eingehen kann

Kompromisse setzen eine gute Kommunikation voraus. Wichtig dabei ist, wie bei jedem guten Gespräch auf Augenhöhe, dass man den

Standpunkt des Gegenübers etwa nicht mit einem Augenrollen oder hämischen Grinsen kommentiert, sondern ruhig bleibt und den Partner absolut ernstnimmt! Dazu gehört, sich seine Argumente ruhig und interessiert anzuhören und auch Verständnis für seine Sichtweise zu zeigen. Es geht nicht um „Rechthaben", sondern um individuelle Standpunkte, die jeweils ihre Daseinsberechtigung haben! Sich mit Respekt und Empathie zu begegnen ist deshalb eine Voraussetzung.

### Was ist das genaue Gegenteil von „Kompromiss"?

Das Gegenteil einer Vereinbarung oder Beilegung eines Streits durch Zugeständnisse. Streit, Meinungsverschiedenheit, Zwist, Auseinandersetzung.

### Wie verhält es sich mit zu vielen Kompromissen in einer Partnerschaft?

Ein ungesunder Kompromiss fühlt sich oft wie ein Verzicht an, als ob man selbst der Einzige wäre, der Dinge aufgibt und nichts oder nicht viel zurückbekommt. Wenn diese einseitige Beziehung weitergeht, führt der Mangel an Ausgeglichenheit zu Groll und Wut und am Ende könnte die Beziehung nicht überleben.

Der ursprünglichste Instinkt des Menschen ist es, Teil einer Gruppe zu sein, ganz akzeptiert zu werden und Kontakte zu knüpfen. Wir alle gehen oft Kompromisse ein und bringen Opfer, um mehr geliebt und akzeptiert zu werden. Doch dabei vergessen wir oft, dass die erste und wichtigste **Beziehung, die wir pflegen, die zu uns selbst ist.** Deshalb ist das Abwägen des eigenen Standpunktes und der Kompromissbereitschaft immer notwendig.

### Was ist ein fauler Kompromiss?

Der faule Kompromiss als Synonym dafür, dass man in irgendeinem Bereich seines Lebens nicht das tut, was man eigentlich möchte – sondern oft sogar noch das Gegenteil. Sei es im Beruf, in der Partnerschaft, in der Freizeit, mit seiner eigenen Gesundheit.

**Wie bittet man um einen Kompromiss?**

Stelle offene Fragen und finde heraus, was die andere Person von dem Kompromiss erwartet. Du kannst deren Ziele herausfinden und dem Gegenüber das Gefühl geben, wahrhaftig gehört zu werden, indem Du offene, wertschätzende und interessierte Fragen stellst. Solche Fragen ermöglichen es der anderen Person, seine Ideen näher auszuführen.

(Menschen mit narzisstischer Persönlichkeitsstörung überschätzen ihre Fähigkeiten und übertreiben ihre Erfolge. Sie denken, sie sind überlegen, einzigartig oder besonders. Ihre Überschätzung ihrer eigenen Werte und Leistungen bedeutet oft eine Unterschätzung des Wertes und der Leistungen anderer. (Weitere Infos zu einer narzisstischen Persönlichkeitsstörung gibt es im Kapitel „Narzissmus"!)).

Beim Daten ist es sicherlich manchmal notwendig, auch schon von vorneherein ein paar kleine Kompromisse einzugehen. Das muss aber jeder für sich entscheiden. Manche Datenden sagen: „NULL Kompromisse - gerade nicht am Anfang!". Andere sagen: „Ohne Kompromisse wird es nicht gehen"! Deshalb muss jeder für sich herausfinden, wie kompromissbereit er gleich am Anfang ist.

Es gibt allerdings auch genügend Standpunkte, bei denen für den einen Partner vielleicht gar keine Kompromisse möglich sind: Bei mir zum Beispiel wäre das die Situation mit meinem Hund: so lange er lebt, gehört er zu mir und ich würde nicht mit einem Partner zusammenkommen können, der diese Situation nicht möchte. Da bin ich kompromisslos. Ich würde meinen Hund weder weggeben noch wegsperren.

Und so wird jeder für sich ein paar Punkte haben, die einen Kompromiss erschweren. Ich finde es auch völlig ok, dass es solche Punkte gibt, die eventuell nicht verhandelbar sind, wenn sie so grundlegend sind. Wiederum wird es genügend andere Möglichkeiten geben, wo man nur zu gerne Kompromisse schließt!

Und ob man zu Beginn, also eventuell schon beim ersten Date zu einem Kompromiss bereit ist, das muss wirklich jeder für sich entscheiden.

# BEDÜRFTIGKEIT

## 1.) Bedürftigkeit

Das Wort Bedürftigkeit taucht in meinem Buch immer mal wieder auf und deshalb möchte ich es auch besonders beleuchten.

Da ich selbst aus einer gewissen Bedürftigkeit heraus schon unklug gehandelt und agiert habe, kann ich „ein Lied davon singen", wie es sich anfühlt, zu bedürftig zu sein.

Bedürftigkeit hängt ganz stark mit dem Erleben in unserer Kindheit zusammen und würde ein eigenes Buch füllen. Aber ich möchte das Thema anreißen, damit Du Dich eventuell Deiner eigenen Bedürftigkeit bewusstwerden und somit besser mit ihr umgehen kannst, ohne in eine gefährliche Spirale zu geraten.

Bedürftigkeit hat mehrere Definitionen, aber mir geht es hier um die psychologisch gesehene emotionale Bedürftigkeit.

Bedürftig zu sein, bedeutet nicht gleichzeitig, sich auszuliefern. Bedürftig zu sein heißt erst einmal, **sich nach Menschen zu sehnen und Wünsche nach Begegnung und Nähe zu haben.**

Bedürftiges Verhalten rührt oft von tiefen Unsicherheiten her und führt zu Handlungen, die darauf abzielen, nicht verlassen oder zurückgewiesen zu werden. Das frühzeitige Erkennen dieser Anzeichen kann dabei helfen, das „unerwünschte" Verhalten verändern zu wollen und eine gesündere Beziehungsdynamik zu fördern. Der erste Schritt ist immer das Erkennen der eigenen Bedürftigkeit und dann kommt das Handeln: brauche ich professioneller Hilfe oder komme ich auch alleine damit zurecht?

Eine deutliche Bedürftigkeit entsteht aus einem Wunsch heraus, ein Bedürfnis erfüllt zu bekommen. Wenn dies nicht erfüllt wird, kann es sein, dass man eine Leere oder auch Einsamkeit spürt. Wenn diese an ein kindliches Erleben von früher antriggert, besteht immer die Gefahr, dass wir alleine nicht mehr in der Lage sind, dieses gewünschte Bedürfnis uns selbst zu erfüllen und wir suchen das große Glück im Außen: Im Fall von Dating würden wir das Bedürfnis intuitiv dann gerne mit einem neuen Partner stillen.

Das heißt, Bedürftigkeit entwickelt sich aus dem Gefühl heraus, dass einem etwas fehlt. Bedürftige Menschen wollen, dass ihr Gegenüber - meist der Partner oder die Familie - die eigenen Bedürfnisse sofort erkennen und für ihn erfüllen. Und so rutscht man schnell in eine emotionale Abhängigkeit eines Menschen.

Im Grunde ist Bedürftigkeit der ewig unerfüllte Wunsch nach Geborgenheit, Liebe, Zugehörigkeit!

Denn ein grundlegendes menschliches Bedürfnis ist es, intensive und liebevolle Bindungen mit anderen Menschen einzugehen. Beim Dating bezieht es sich meist auf den potenziellen Partner und man will einfach irgendwo dazugehören. Aber wenn man einen Partner nur aufgrund der eigenen Bedürftigkeit wählt, kann dies oft aus reiner Verzweiflung geschehen und dies ist kein guter Ratgeber. Man begibt sich damit nämlich in eine starke Abhängigkeit und auch Unterwürfigkeit oder auch in eine unerfüllte Beziehung. Manche wünschen sich Zuwendung so sehr, dass sie fast alles dafür tun würden, geliebt zu werden. Das wäre aber niemals eine sinnvolle Beziehung auf Augenhöhe, sondern man sucht durch den Partner nur seine verlorengeglaubte Anerkennung.

**Aber eins muss uns ganz klar sein: Niemand ist dazu da, nur die Bedürfnisse anderer zu erfüllen!!! Auch nicht die unsrigen!**

Deshalb dürfen wir uns gerne auf die Suche nach unserer ureigenen Bedürftigkeit machen, dürfen stöbern in alten Verhaltensmustern und Bildern aus unserer Kindheit. Wann war ich als Kind besonders bedürftig? Welche Situation hat das ausgelöst und wurde sie je befriedigt? Habe ich gelernt, mir selbst genug zu sein oder bin ich immer auf Andere, auf das Außen angewiesen?

Unsere eigenen Bedürfnisse zu ergründen, sie sich anzusehen, sie wahrzunehmen und sie dann liebevoll zu befriedigen – das sind erste Schritte. Oft kann man diesen Schritt nicht alleine gehen, sondern braucht professioneller Hilfe und das ist völlig ok. Nicht wenige Menschen sind sehr bedürftig, weil schon als Säugling ihre Bedürfnisse nicht richtig und wertschätzend erfüllt werden. Diesen Mangel zu erkennen und wertfrei anzunehmen, ist wichtig, denn dann kann man damit arbeiten.

Oft geht es hier um das „innere Kind", das hilflos ist und dessen Bedürfnisse nicht erfüllt wurden. Als Erwachsener darf man sich dann liebevoll und wertschätzend um sein „inneres Kind" kümmern und ihm mit Zuversicht begegnen.

> *Nur wenn Du Deinen Bedürfnissen genügend Beachtung schenkst, wird es Dir gelingen, glücklich und zufrieden zu sein und Dein Leben zu genießen.*

**Noch ein paar Gedanken zur Bedürftigkeit:**

> **Bedürftigkeit** ist ein tiefes menschliches Gefühl, das uns daran erinnert, dass wir soziale Wesen sind und Verbindung brauchen. Es ist der Wunsch nach Nähe, Anerkennung und Unterstützung. Manchmal kann sich Bedürftigkeit überwältigend anfühlen, als ob ein Teil von uns fehlt, wenn diese Bedürfnisse nicht erfüllt sind. Es ist wichtig zu verstehen, dass Bedürftigkeit an sich nichts Schlechtes ist.

> Bedürftigkeit ist ein natürlicher Impuls, der uns dazu bringt, Beziehungen einzugehen und uns gegenseitig zu helfen. Schwierig wird es, wenn diese Bedürfnisse so stark werden, dass sie unser Handeln bestimmen und uns in ungesunde Abhängigkeiten treiben.

> Achtsamkeit für die eigenen Bedürfnisse ist der erste Schritt. **Was brauchst Du wirklich, um Dich sicher, geliebt und angenommen zu fühlen?** Manchmal ist es hilfreich, diese Bedürfnisse auszudrücken und sich anderen anzuvertrauen. **Es ist ein Zeichen von Stärke, um Unterstützung zu bitten.**

> Der Weg zu einem gesunden Umgang mit Bedürftigkeit liegt darin, ein Gleichgewicht zu finden – sich nach Verbindung zu sehnen, aber gleichzeitig unabhängig und in sich

selbst ruhend zu sein. Es geht darum zu erkennen, dass wir wertvoll und liebenswert sind, auch wenn unsere Bedürfnisse nicht immer sofort erfüllt werden. Die wichtigste Quelle der Erfüllung liegt letztendlich in uns selbst.

## Mutmacher:

*Du bist wertvoll, genau so wie Du bist, mit all Deinen Sehnsüchten und Bedürfnissen ❣*

*Es ist mutig, sich diese Bedürfnisse einzugestehen und nach Erfüllung zu suchen.*

*Deine Sehnsucht nach Nähe und Verbindung ist ein Zeichen Deiner Menschlichkeit und definitiv keine Schwäche. Auch wenn es sich jetzt vielleicht so anfühlt, als wärst Du auf die Erfüllung Deiner Bedürfnisse durch andere angewiesen, liegt eine immense Stärke in Dir.*

*Beginne damit, Dir selbst das zu geben, was DU jetzt brauchst: Freundlichkeit, Akzeptanz und Verständnis.*

*Jeder Schritt, den Du in Richtung Selbstfürsorge und Selbstliebe gehst, stärkt Dein inneres Fundament.*

*Vertraue darauf, dass Du die Fähigkeit besitzt, Dein Leben aktiv zu gestalten und gesunde Beziehungen aufzubauen, in denen Deine Bedürfnisse auf liebevolle Weise erfüllt werden können. Deine Bedürfnisse sind wichtig und verdienen es, beachtet zu werden. Du bist es wert, geliebt und angenommen zu werden❣*

*Hab Geduld mit Dir selbst auf diesem Weg und wisse: Du bist nicht alleine. Es gibt Menschen, die Dich sehen und Deine Bedürfnisse respektieren wollen.*

# Emotionale Bedürftigkeit

Mir geht es hier nicht um eine „finanzielle" Bedürftigkeit, sondern um die emotionale Bedürftigkeit, wie beispielsweise bedürftig zu sein nach Liebe und dem Angenommensein. Ein völlig normaler Wunsch, der aber, wenn er zu heftig ist, auch eine Barriere für eventuelle Beziehungen darstellen könnte. Denn wer zu bedürftig ist, erdrückt andere auch schnell oder zieht sogar eine nicht gut laufende Beziehung dem Alleinsein vor.

Da jeder der Partner innerhalb einer Beziehung seine eigenen Bedürfnisse hat, kann es auch eine Herausforderung sein, sie so zu integrieren, dass beide Partner zufrieden und glücklich mit dem Bedürfnis-Arrangement sind!

Das Bedürfnis zum Beispiel, sich so oft wie möglich zu sehen kann eine wundervolle Einheit darstellen und sich zu einem tollen Miteinander verbinden. Möchte aber der eine Partner lieber etwas mehr Abstand als der andere, birgt das enormes Konfliktpotenzial. Denn je nachdem wie man selbst gelernt hat, mit Enttäuschungen umzugehen, können sich kleine Gegensätze zu unüberwindbaren Mauern und Hürden aufbauen.

Beim Thema Sexualität ist das beispielsweise oft sehr eindeutig: der eine Partner möchte mehr Sex als der andere und damit beide glücklich sind, wird es immer Kompromisse geben dürfen.

Wenn die Frustrationstoleranz eines der beiden Partner niedrig ist, kann dies natürlich Probleme verursachen.

### Was bedeutet es, „emotional bedürftig" zu sein?

Wenn wir zu anspruchsvoll, anhänglich, nervig und zerbrechlich sind, wirken wir oft emotional bedürftig. Sehr Bedürftige neigen dazu, dem Partner sehr nahe sein zu wollen und haben das Bedürfnis nach großer Intimität. Meistens ist dies von einer Angst vor Ablehnung begleitet. Es äußert sich eventuell so, dass ein Gefühl der Leere entsteht, wenn der oder die andere nicht da ist; oder auch durch ein anhaltendes Bedürfnis nach Bestätigung durch den Partner.

Emotionale Bedürftigkeit kann auch die Unfähigkeit sein, sein Selbstwertgefühl alleine zu regulieren, aufzubauen oder zu stärken und ist oft mit Misstrauen gegenüber anderen (oder mit der Angst vor dem Verlassenwerden) verbunden.

Das heißt, wenn wir anfangen, an den Gefühlen einer Person für uns zu zweifeln oder Angst haben, verlassen zu werden, nimmt die Spirale der Bedürftigkeit ihren Lauf. Folge ist dann oft, dass dies zu bedrängend für den anderen wird, da das übertriebene Bedürfnis umsorgt zu werden zu Unterwerfung und Klammern an andere führen kann.

Im Grunde ist eine große Bedürftigkeit ein tiefes Verlangen nach sicherer Bindung. Das bedeutet, wer nach Bestätigung fragt, sehnt sich eigentlich nach emotionaler Sicherheit und Nähe. Und wie gesagt: solange das für beide Partner ähnlich ist und nicht ausufert in eine Übergriffigkeit, ist das ok. Schwierig wird es dann, wenn die Partner andere Einstellungen haben oder wenn die Bedürftigkeit krankhaft ist.

Ebenfalls problematisch wird es auch dann, wenn man sich sehr nach Sicherheit und Nähe sehnt, und gleichzeitig aber die Bestätigung braucht, um sich eben sicher zu fühlen: ein Teufelskreis!

Und dann gibt es noch die spannende Frage:

**Warum ist man sich selbst nicht genug und muss irgendwas im Außen suchen???**

Es ist eine sehr berechtigte Frage, die gerne auch im therapeutischen Bereich gestellt wird. Ja, warum bin ich mir nicht selbst genug?

Ich mag die Frage und doch finde ich sie auch müßig. Denn jeder hat sein Päckchen zu tragen und vor allem: ich MÖCHTE einfach gerne einen Partner an meiner Seite haben, weil es mir guttut, Spaß macht, Freude bringt und im besten Fall sowohl für die körperliche, geistige und seelische Gesundheit gut ist. Auch ohne eine übergroße Bedürftigkeit sehne ich mich nach einem Lebenspartner – einfach, weil ich dieses Lebensmodell mag. Das muss ich weder erklären, noch muss ich mich rechtfertigen. Dies ist einfach ein evolutionär normaler Wunsch nach Bindung. Diesen dürfen wir alle haben.

Und wer reflektiert und bewusst lebt weiß auch, dass es nicht so sein sollte, dass mich ein Partner erst komplett macht. Ich bin komplett. Ich bin ich. **Aber ich freue mich einfach, wenn ich eine erfüllende Bereicherung in meinem Leben habe. Und zu weit sind viele Situationen einfach schöner, lustiger und wohltuender.**
Also hat dieser oben genannte Satz für mich nicht allzu viel Bedeutung!

Nun aber noch einmal zur Bedürftigkeit an sich.
Ich halte es für wichtig, auch in einer Beziehung gut reflektiert zu sein. Wenn ich weiß, dass ich zu einer gewissen Bedürftigkeit neige, die den anderen erdrücken könnte, würde ich an mir arbeiten wollen. Denn eine funktionierende Beziehung wegen zu großer Bedürftigkeit zu gefährden, fände ich schlimm.
Umgekehrt, wenn wir uns vom anderen Partner erdrückt fühlen, müssen wir das ansprechen.
Ich weiß von mir, dass ich eine gewisse Übergriffigkeit nicht mag. Ich liebe es, Nähe zu haben und zuzulassen, aber ich brauche auch meinen individuellen Freiraum. Raum und Zeit für mich. Wenn mir dies durch einen Partner beschnitten wird, fühle ich mich eingeengt und vor allem fühle ich mich dann nicht wirklich wahrgenommen in meinem ganzen Sein, in meinem Wesen!
Die sogenannte Impulskontrolle, die wir im besten Fall als Kind erlernt haben (also angemessen mit unschönen Situationen umzugehen), kann uns hier helfen. Sich zurückzunehmen, wenn man merkt, dass man den anderen vielleicht gerade bedrängt. Dies muss natürlich auch beidseitig funktionieren und setzt immer eine gute Eigenwahrnehmung voraus, die leider nur bei wenigen Menschen gut ausgeprägt ist.

### Positive Bedürftigkeit
Andererseits ist es aber auch schön, wenn man dem Partner eine gewisse Bedürftigkeit zeigt und sich somit ja auch verletzlich gibt. Zu zeigen, dass ich mich gerade nach Nähe sehne oder gerne ein Küsschen haben möchte – das ist wundervoll und bereichert jede Beziehung.

Die Gratwanderung, die Balance, ist es also wieder einmal, die wir brauchen, um zwischen liebevoll gezeigter Bedürftigkeit und Übergriffigkeit zu unterscheiden. Und diese Gratwanderung muss jedes Paar auch noch dazu für sich ausloten, da es immer zwei Menschen betrifft.

## *Mutmachende Worte:*

*Es ist zutiefst menschlich, sich nach emotionaler Nähe und Verbindung zu sehnen. Diese Sehnsucht ist kein Zeichen von Schwäche, sondern ein Ausdruck unseres Herzens, das sich nach Wärme und Geborgenheit sehnt.*

*Wenn Du gerade eine starke emotionale Bedürftigkeit spürst, erkenne an, dass dieses Gefühl einen wichtigen Teil von Dir ausmacht. Sei sanft zu Dir selbst in diesem Moment.*

*Es ist in Ordnung, sich nach Umarmungen, nach verständnisvollen Worten und nach dem Gefühl der Zugehörigkeit zu sehnen.*

*Diese Bedürfnisse sind wertvoll und verdienen es, beachtet zu werden. Auch wenn es sich manchmal anfühlt, als ob diese Leere nur von außen gefüllt werden kann, liegt eine tiefe Kraft in DIR !*

*Beginne damit, Dir selbst die Freundlichkeit und das Verständnis zu schenken, nach dem Du Dich sehnst. Sprich liebevoll mit Dir, nimm Deine Gefühle an und erinnere Dich daran, dass Du wertvoll und liebenswert bist !*

*Ganz unabhängig davon, ob Deine Bedürfnisse gerade erfüllt sind oder nicht.*

*Vertraue darauf, dass Du Schritte in Richtung erfüllender Beziehungen gehen kannst.*

*Jeder kleine Akt der Selbstfürsorge stärkt Dich auf diesem Weg. Es ist ein Zeichen von Mut, sich seinen Bedürfnissen zu stellen und nach Wegen zu suchen und sie auf gesunde Weise erfüllen zu wollen.*

*Du bist nicht allein mit diesem Gefühl, und es gibt Hoffnung auf tiefere emotionale Verbindungen in deinem Leben.*

# Definition „Inneres Kind"

Da ich es eben schon erwähnte, möchte ich kurz darauf eingehen! Es ist wichtig für uns, uns gut verstehen zu können und warum wir manchmal so handeln, wie wir handeln. Dieses wichtige reflektieren hilft uns, uns besser kennenzulernen und beim Daten unsere Bedürftigkeit und andere Umstände zu KENNEN!

Auch der Dating-Partner kann Probleme mit seinem inneren Kind haben und wenn uns all dies bewusstwird, kann man entweder die ein oder andere Situation entschärfen, oder sich auch distanzieren.

**Das innere Kind:**

Wir müssen noch einmal zurück in die Kindheit reisen: Kinder sind in jungen Jahren ja komplett von ihren Eltern abhängig und möchten nur eins, nämlich sich zugehörig, geliebt, gehört, verstanden und geborgen zu fühlen. Sie haben das Bedürfnis nach Anerkennung, Geborgenheit, Schutz und Nähe. Das sind natürliche Grundbedürfnisse eines jeden Menschen.

Wenn diese (kindlichen) Bedürfnisse von den Eltern nicht oder nur ungenügend gesehen und befriedigt werden, dann begleitet uns dieses Bestreben sogar noch dann, wenn wir erwachsen sind. Das heißt konkret, dass wir nun als Erwachsene ein sehr verletztes Kind in uns und mit uns tragen, das sich ungesehen, ungeliebt oder alleingelassen, sowie eventuell auch zu kurzgekommen fühlt. Da es aber nach diesen Bedürfnissen strebt, wird es immer und immer wieder versuchen, seine unbefriedigten Bedürfnisse doch noch erfüllt zu bekommen. Und hier wird es schwierig, denn wer soll diesem inneren kleinen Kind die Bedürfnisse befriedigen? Es findet deshalb eine Projektion auf andere Menschen statt. Das können der Partner, sogar die eigenen Kinder, Freunde oder auch Kollegen sein. Beim Daten würde es dann den potenziellen Dating-Partner betreffen.

Das Problem ist, dass wir zwar von außen betrachtet erwachsen sind (Alter, Körperstruktur und so weiter), aber innerlich immer noch klein, bedürftig und auch abhängig sind.

Deshalb wundert es auch nicht, dass diese unerfüllten Bedürfnisse und „Kindheits-Altlasten" unser Leben als Erwachsene schwierig gestalten können. Nicht selten entwickeln sich innere Spannungen, die sowohl Einfluss auf die Psyche als auch den Körper haben können. Beziehungskonflikte und Erkrankungen sind deshalb nicht selten die Folge davon.

Zusammenfassend lässt sich sagen, dass solche Erwachsene in entsprechenden Angst auslösenden Situationen dann **wie ein kleines Kind** reagieren - also beispielsweise eingeschnappt, bockig oder wütend, wenn etwas nicht nach ihrem Willen geschieht. Dazu gehört – wie bei einem bockigen Kleinkind – dann auch, dass die vermeintliche „Schuld" immer die anderen tragen. Beim Daten kann das eine nicht unerhebliche Komplikation ergeben.

Auffällig ist dann für das Gegenüber auch oft, dass der Betroffene eine verteidigende und rechtfertigende Haltung einnimmt. So nach dem Motto: „Ich bin eben so!". Dies resultiert daraus, dass der innere Stress und die innere Leere oftmals zwar gespürt, jedoch nicht verstanden und zugeordnet werden können, da sich das Ganze ja erst einmal unbewusst abspielt.

Die komplette Bindungs- und Beziehungsfähigkeit kann von einer sinnvollen Einstellung zum Inneren Kind abhängen. Denn wenn man (unbewusst) immer mit dem inneren Mangel zurechtkommen muss und ihn kompensieren möchte, kann das für das Gegenüber eine nahezu unmöglich zu bewältigende Aufgabe sein – denn er hat NICHT die Mutter/ Vater-Rolle inne.

Nicht selten setzt das verletzte Innere Kind bei Erwachsenen auch Blockaden. Und tragischer Weise werden diese Erwachsene dann sogar mit zunehmendem Alter ihrer Mutter/ihrem Vater in ihren Verhaltensmustern immer ähnlicher.

**Das Innere Kind ist also jener Teil in uns, der sehr verletzlich und absolut (!) hilflos ist. Auf Grund der totalen Abhängigkeit von unseren Eltern sind wir bei entsprechender Problematik auch heute noch immer bestrebt alles zu tun, um nicht wieder verletzt, beschämt oder verlassen zu werden.**
Diese enorme Hilfs- und Machtlosigkeit steuert dann unser Leben. Es ist nun aber unsere Entscheidung, in welche Richtung wir steuern. Je mehr wir uns in dem Gefühl rund um das Innere Kind verlieren, desto höher ist die Wahrscheinlichkeit, nie davon loszukommen. Sich allerdings bewusst und mitfühlend, liebevoll und schützend dem eigenen Inneren Kind zuzuwenden, wird auf allen Ebenen helfen, das Trauma zu verarbeiten und aus dem geschundenen Inneren Kind ein

tatkräftiges ICH wachsen zu lassen. Nur so kann man sein Leben tatkräftig und mutig, autonom und erwachsen gestalten.

Da es das Innere Kind Anderen immer alles rechtmachen möchte, müssen wir lernen, uns stattdessen selbst zu lieben und anzunehmen und daraus neue (eigene) Kräfte zu entfalten. Auch das neue Innere Kind braucht dringend Schutz, Sicherheit und Fürsorge. Um ein erfüllendes freiheitlich autonomes Leben leben zu können, bedarf es der inneren Geborgenheit und Selbstannahme.

Wir können uns auch nicht einfach vom Inneren Kind lösen, denn es ist Bestandteil von uns. Wir sind das, was wir als Kind an Prägungen und Erziehung erfahren (und/oder auch nicht erfahren) haben.

Denn als Kind hat man all seine Gefühle ungefiltert und unreflektiert in sich aufgenommen. Weil man es nicht besser wusste und gar nicht anders kann: Das unmittelbare Erleben ist das erste, was ein Mensch erfährt, wenn er geboren ist.

Bei der Arbeit mit dem Inneren Kind geht es deshalb darum, sich wieder mit allen seinen Emotionen, auch und gerade mit den unangenehmen, zu verbinden. Das heißt, es zu trösten, damit es sich gesehen fühlt und sich vor allem in Geborgenheit beruhigen und entfalten kann.

✓ **Verantwortung für sein Tun zu übernehmen = erwachsen zu werden!**

Wenn man dabei ist, Zugang zu seinem Inneren Kind zu entwickeln und sich zu öffnen, **ist man bereit, die Verantwortung für das eigene Handeln und auch für das Nicht-Handeln zu übernehmen.** Allein diesen Schritt finde ich äußerst notwendig und so wichtig auf dem Weg zur „Heilung". Auf diesem Weg können wir uns auch die Befindlichkeiten des Inneren Kindes bewusst machen und sich ihnen stellen. Dazu gehört auch, dass wir unseren Eigenheiten klar ins Angesicht blicken und dadurch wahrnehmen, dass das, was uns oft an anderen stört, unsere eigene Befindlichkeit sein könnte. Dieses Hinschauen ist auch ein Prozess des Loslassens und somit befinden wir uns auf dem Weg zum Erwachsenwerden! ☺

Wenn das Innere Kind Heilung und Zuwendung erfährt, löst sich die Bedürftigkeit aus und wir können dem Dating ohne allzu große Bedürftigkeit entgegenblicken!

*Das innere Kind ist die Summe unserer Kindheitserfahrungen, gespeichert in unserem emotionalen Gedächtnis. Es ist der Teil in uns, der staunen, spielen, fühlen und sich verletzlich zeigen kann. Es trägt die Freude, die Unschuld, aber auch die Verletzungen, Ängste und unerfüllten Bedürfnisse unserer Kindheit in sich und beeinflusst unser heutiges Denken, Fühlen und Handeln oft unbewusst.*

*Brief an Dein inneres Kind ❣*


*Liebes inneres Kind, ich sehe Dich ❣*
*Ich sehe Dein Staunen, Deine Neugier und Deine pure Lebensfreude.*
*Ich sehe aber auch die Momente, in denen Du Dich einsam, ängstlich oder unverstanden gefühlt hast. Es ist okay.*
*All diese Erfahrungen haben Dich zu dem wunderbaren Menschen gemacht, der du heute bist ❣*
*Du bist sicher jetzt. Du bist geliebt. Du bist genug.*
*Die Erwachsenen in Deinem Leben haben vielleicht nicht immer alles richtig gemacht, aber jetzt bist Du hier und kannst Dir selbst die Liebe, die Sicherheit und die Akzeptanz geben, die Du immer gebraucht hast ❣*
*Erlaube Dir zu spielen, zu lachen und Deine Kreativität auszuleben.*
*Erlaube Dir, Deine Gefühle zu fühlen, ohne Angst vor Ablehnung.*

*Du bist wertvoll, genau so wie Du bist, mit all Deinen Träumen und Deiner Verletzlichkeit ❣*
*Ich bin hier für Dich.*
*Ich werde Dich beschützen und trösten.*
*Wir werden gemeinsam heilen und die Welt mit neugierigen Augen neu entdecken.*
*Du bist stark, Du bist mutig und Du verdienst all die Liebe und Freude, die das Leben zu bieten hat ❣*
*Scheine hell, kleines Herz ❣*
*Du bist wundervoll ❣*

# SELBSTLIEBE

Diesem Wort, das mehr ist als nur ein paar Buchstaben, möchte ich Aufmerksamkeit schenken.
Du wirst es schon oft gelesen haben: „Nur wer sich selbst wirklich zu lieben vermag, kann auch andere lieben!".

**Selbstliebe:** Manche Menschen scheinen mit einer beneidenswerten Liebe sich selbst gegenüber auf die Welt gekommen zu sein. Den meisten Menschen jedoch fällt es schwer, sich selbst so zu lieben, wie es angemessen wäre.

Meistens begegnen wir uns selbst mit viel Kritik: „Ich bin zu dick, zu groß, zu klein, zu hässlich, zu dumm und und und!"

Würden wir uns öfters mit den Augen Anderer betrachten, würden wir uns ganz anders sehen können. Wenn man eine liebe Freundin fragt, was sie liebenswert an uns findet, wird man eventuell staunen, wie viele positive Eigenschaften auftauchen und wir könnten uns – wenn wir innerlich dazu bereit *wären* – in einem ganz neuen Licht sehen und somit lernen, uns tatsächlich zu lieben.

> ➤ Doch das lässt sich ändern. Denn auch Selbstliebe kann man sich antrainieren.

### Gelungene Selbstliebe:

Wir wissen genau, dass Menschen, die sich selbst lieben, sich völlig umfassend akzeptieren können, mit all ihren scheinbaren Makeln und Schwächen. Interessanter Weise verzeihen sie sich Unvollkommenheiten und sind meist viel netter zu sich selbst. Dadurch vergleichen sie sich seltener mit anderen, was natürlich bedingt, dass sie viel ausgeglichener, selbstbewusster und zufriedener durchs Leben gehen.

Das kommt aber nicht einfach so, sondern jene Menschen, die eine glückliche, wertschätzende und liebevolle Kindheit hatten, verfügen oft über viel Selbstliebe. Wer umgekehrt in jungen Jahren kaum Liebe erfahren hat, kennt solch eine wundervolle Wertschätzung gar nicht und hat nie gelernt, sich selbst genau diese Wertschätzung entgegen zu bringen. Dadurch fühlt man sich wertlos und nicht selten definiert man sich dann über Bestätigung von außen, was natürlich sehr traurig enden kann

Wenn wir über eine gesunde Selbstliebe verfügen, werden wir uns selbst bewusster, lieben unsere Stärken, stehen hinter unseren Entscheidungen und machen uns somit unabhängig von der Meinung und der Anwesenheit anderer. Deshalb ist in der Partnerschaft eine ausgewogene Selbstliebe auch so wichtig. Denn sie hilft uns auch enorm, anderen Menschen oder dem Partner auf Augenhöhe zu begegnen.

Denn fehlt es an Selbstliebe, kann es in Beziehungen häufiger zu Streit komm, da der sich nicht selbst liebende Partner dazu neigt, eher emotional abhängig zu werden und sich seinen Selbstwert aus der Partnerschaft herausholt, was nie gutgehen kann. Als Folge kann es zu Drama, Streit, Eifersucht und einer generellen Unzufriedenheit in der Beziehung führen. Die „Augenhöhe" geht verloren und man definiert sich womöglich über die Partnerschaft.

# Was ist Selbstliebe?

Selbstliebe ist die Fähigkeit, sich selbst mit allen Stärken und Schwächen anzunehmen und die eigene Persönlichkeit wertzuschätzen. Die Liebe zu sich selbst ist weder zu verwechseln mit Egoismus noch hat sie etwas mit übersteigerter Eitelkeit zu tun.

Selbstliebe hat klar auch mit Selbstachtung, Selbstzuwendung, Selbstvertrauen und dem Selbstwert zu tun.

Wenn man hierbei davon ausgeht, dass es sich um eine gesunde Selbstliebe handelt, die auch einen gesunden Körper und eine gesunde Seele als Pendant hat, erscheint es gar nicht mal so schwierig.

Und schnell kommt nun die Frage auf:
**Liebe ich mich selbst nicht genug?**
**Weil ich viel zu kritisch mit mir, meinem Körper und Geist bin?**
Wenn ich mir meine Kinder, meine Familie und Freunde oder auch meinen Hund anschaue, bin ich nicht so kritisch – aber bei mir selbst schon deutlich schneller! Klare Antwort: ich **liebe** ja auch meine Kinder mit all ihren Eigenheiten und auch mit dem, was mich manchmal nervt. Die Liebe ist da. Einfach so und vor allem eins: unerschütterlich!
Warum kann ich dann mit mir selbst nicht auch gnädiger sein?

Klar ist: liebt man sich nicht selbst genug, dann wird man mit körperlichen Beeinträchtigungen und Defiziten deutlich mehr zu kämpfen haben.
Selbst die Interaktion mit der Umwelt wird zu einem wesentlichen Teil durch die Selbstliebe einer Person geprägt. **Die Selbstliebe nämlich gilt auch als Voraussetzung für eine gute Verbindung zur Welt und zu anderen Menschen.**

*Nur wer sich selbst genügend liebt und wertschätzt, kann eine stabile Beziehung zu anderen Personen aufbauen.*

**ICH glaube an MICH!**
Ich weiß,
dass etwas in mir ist,
das größer
und mächtiger ist,
als jedes Hindernis!

Wenn man begreift, dass Selbstliebe zu erlernen und zu erhalten ein fließender Prozess ist, kommt man der echten Selbstliebe näher, da man sich selbst ACHTET, sich mit Respekt begegnet – sozusagen mit sich selbst auf Augenhöhe ist.

Einfach ist das anfangs sicher nicht und es gehört viel Disziplin dazu, nicht wieder in alte und nörgelnde Verhaltensmuster zurückzufallen.

Aber wenn man sich auf den Weg macht, sich selbstreflektierend beobachtet und den Mut hat, in den „Spiegel der Reflexion" zu schauen und das Gesehene anzunehmen vermag – dann ist man schon mittendrin. Drin im Prozess der Selbstfindung, der Achtsamkeit und Selbstfürsorge und somit auf dem Weg zur Selbstliebe.

Ich übe – täglich! ☺

Denn wenn wir lieben - das wissen wir eigentlich genau - kommt es auf Äußerlichkeiten doch nicht wirklich an! ☺ Also hinein ins Trainingslager der Selbstliebe mit Respekt vor uns selbst!

**Und noch ein paar Tipps:**

Man kann natürlich nicht sofort oder plötzlich lernen, eine Selbstliebe zu haben. Es ist ein Prozess, der seine Zeit braucht. Aber es ist machbar und ein paar Ideen können auf dem Weg dorthin helfen. Das

Gute ist, wenn man anfängt, sich selbst auch mal mit liebevollen Augen zu betrachten, setzt sich das auch in unserem Gehirn fest und man manifestiert es in seinem Geist, sodass es von Tag zu Tag leichter wird!

**Der wichtigste Tipp ist meines Erachtens Folgender: Behandle Dich selbst wie eine\*n Freund\*in!**

Betrachte Dich mit den Augen dieser Person, die Dich mag, wie Du bist... Gönne ES Dir; eine Weile genau hinzuschauen und Du wirst Seiten an Dir entdecken, die Du vorher gar nicht wahrgenommen hast!

Wenn Du Dir immer öfters freundlich und wohlgesinnt begegnest und zuversichtlich in die Zukunft schaust, merkst Du, wie dir diese Gedanken guttun! Und so findest Du auch Dinge an Dir, die wirklich GUT sind!

Wenn Du magst, schreibe all das auf und lese es regelmäßig durch. Sammle Glücksmomente und hole sie Dir in Momenten hervor, in denen es Dir nicht gutgeht oder Du Dich verzweifelt fühlst!

Und gönne Dir regelmäßig etwas: Das können kleine Auszeiten sein, ein leckerer Cappuccino oder Tee, ein gutes Buch, ein Stück Torte, eine neue CD oder auch eine Massage.

Bitte vergleiche Dich nicht mit anderen. Denn das, was Du ei anderen wahrnimmst, ist auch nur ein Schein. Du siehst das, was diese Person Dich sehen lässt. Wirklich hineingucken in eine Person kann man auf den ersten Blick nie! Wie weiß, wie positiv DU nach außen scheinst - darüber darfst Du auch einmal nachdenken und fühlst Dich damit vielleicht sogar etwas besser! ☺

**Fazit:**
**Betrachten wir uns dazu einfach einmal mit den Augen derer, die UNS LIEBEN! ☺**

## Motivierende wohltuende Worte:

Es ist ein stiller Akt der Revolution, Dich selbst anzunehmen, so wie Du in diesem Moment bist.
Mit all Deinen Ecken und Kanten, Deinen Stärken und vermeintlichen Schwächen. Es ist ein liebevolles Umarmen Deiner ganzen Geschichte, Deiner Erfahrungen, die Dich geformt haben ❣

Sei geduldig mit Dir, wie mit einem zarten Pflänzchen, das Zeit zum Wachsen braucht❣
Gieße es mit Freundlichkeit, nähre es mit Verständnis und schütze es vor den Stürmen des Selbstzweifels ❣
Du bist einzigartig und wertvoll,
einfach weil Du existierst ❣
Deine Gefühle sind gültig, Deine Gedanken haben Bedeutung, und Deine innere Stimme verdient es, gehört zu werden ❣

Erlaube Dir, Fehler zu machen, denn sie sind menschlich und führen zu Wachstum❣
Sprich liebevoll zu Dir selbst, so wie Du es zu einem geliebten Menschen tun würdest. Betrachte Dich mit den Augen der Güte und erkenne die Schönheit, die in Dir wohnt – eine Schönheit, die nicht perfekt sein muss, um vollkommen zu sein ❣
Du verdienst Deine eigene Zuneigung und Akzeptanz ❣

**Beginne heute damit, Dir selbst die Liebe zu schenken, nach der Du Dich vielleicht im Außen sehnst ❣**
**Denn die tiefste und heilsamste Liebe beginnt in DIR ❣**
Du bist genug ❣
Genau jetzt ❣

# Akzeptanz

Akzeptanz ist einer der Bausteine, die wir für Themen rund um Trauer, Verlust/Trennung und auch für viele andere Situationen im Leben brauchen, um sie besser bewerkstelligen zu können und auch, um mehr Gelassenheit zu haben und somit vom Grunde her zufriedener und glücklicher zu sein.

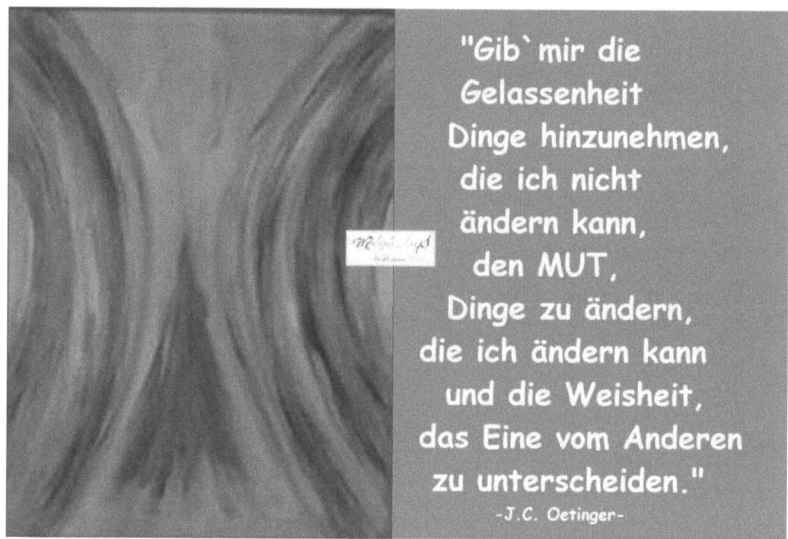

"Gib` mir die
Gelassenheit
Dinge hinzunehmen,
die ich nicht
ändern kann,
den MUT,
Dinge zu ändern,
die ich ändern kann
und die Weisheit,
das Eine vom Anderen
zu unterscheiden."
-J.C. Oetinger-

Akzeptanz ist das Annehmen von Situationen, Personen und Lebensumständen. Die Begriffe Annahme, Aufnahme, Einwilligen und Hinnehmen werden oft als Synonyme für Akzeptanz verwendet. Akzeptanz erfüllt die Funktion der Stressbewältigung.

### Wie entsteht Akzeptanz?

Nicht jedem wird eine gewisse Akzeptanz in die Wiege gelegt und leider unterliegt die Akzeptanz auch ganz schnell einer gewissen Wertung. Vieles, das man nicht kennt, akzeptiert man nicht. Ein gängiges Unterfangen in der Menschheit.

Akzeptanz ist zunächst eine Haltung – sie setzt unvoreingenommenes Auseinanderzugehen voraus, Interesse am Wissen des Gegenübers und gleichzeitig die Bereitschaft, auch scheinbar Selbstverständliches neu verstehen zu wollen.

Im Falle von Trennung und Verlust bedeutet Akzeptanz ein Anerkennen von Umständen und Tatsachen, und zwar ungeschönt, wie sie eben in der Realität vorliegen. Dabei ist Akzeptanz ein aktiver Prozess, der sich dabei von der passiven Toleranz unterscheidet.

Beim Akzeptieren geht es also um das Gutheißen, Annehmen und Anerkennen. Und etwas zu akzeptieren heißt, die „ungeschminkten Tatsachen" über uns selbst und unsere Situation anzuerkennen – das Gute und das nicht so Gute, ohne uns selbst zu verurteilen. Und hier sind wir schon bei einem ganz wichtigen Grund, den ich noch einmal wiederholen möchte:

✓ Annehmen, OHNE UNS SELBST ZU VERURTEILEN!

Das ist ein Grundbaustein zur Selbstliebe und Selbstakzeptanz und deshalb so enorm bedeutungsvoll!

Wertfrei wird nun die Akzeptanz zur Grundlage für Wachstum und Veränderung und ist somit ein „Nach-Vorne-Schauen" auf dem neuen Weg! Das heißt, wir bleiben nicht stecken im Drama, sondern bewegen uns vorwärts. Akzeptanz bezieht sich auf die Bereitschaft, die Realität so anzunehmen, wie sie ist - einschließlich der eigenen Gefühle, Gedanken und Erfahrungen! Somit hilft uns die Akzeptanz, eine positive Einstellung zu erlangen und zu bewahren.

Denn wie schon beschrieben haben wir immer die Wahl in einer Situation: Wir können nach den Dingen suchen, die uns an der Situation nicht gefallen, oder wir können sie so akzeptieren, wie sie ist, und all die guten Dinge sehen, die die Umstände zu bieten haben.

Akzeptanz bedeutet aber definitiv nicht, dass es uns nun alles egal ist. Akzeptanz ist die Haltung, die es uns ermöglicht selbstbestimmt zu handeln und das ist wunderbar! Denn nun können wir uns der uns gestellten Aufgabe annehmen. Wir kommen ins Handeln und werden somit selbstfürsorglich in Achtsamkeit unserer Bedürfnisse und verharren NICHT in einer Handlungs-Unfähigkeit oder Starre. Wir helfen uns selbst, indem wir das Problem so annehmen wie es ist, es im besten Fall noch als „Herausforderung" ansehen und können dann auch besonders stolz auf uns sein, wenn wir es geschafft haben.

Aber all dies bedeutet nicht etwa, dass wir nicht mehr weinen dürften, oder hadern: nein, Akzeptanz bedeutet, die gesamte Situation wahrzunehmen, anzunehmen und ihr trotz aller einstürmenden Emotionen tatkräftig die Stirn zu bieten.

Dafür muss man nicht gleich ganz „groß" anfangen, sondern in kleinen Schritten…. Schritt für Schritt… Und das erste Schritt auf der Liste, zur Akzeptanz zu gelangen, ist, sich über die eigenen Gefühle ganz klar zu werden. Im Hier & Jetzt zu sein…. Nachzudenken, Gedanken schweifen lassen und sich peu a peu kleine Vorhaben gestalten und diese umzusetzen….

**Befreunde Dich, mit DIR SELBST ❣**

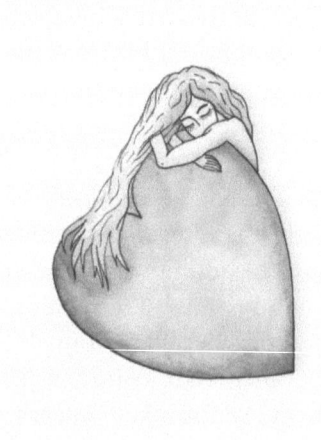

Es ist ein liebevoller Akt der Freundschaft mit Dir selbst, wenn Du beginnst, Dich so anzunehmen, wie Du gerade bist ❣

Stell Dir vor, Du begegnest einem lieben Menschen, der gerade eine schwierige Zeit durchmacht. Würdest Du ihn verurteilen oder ihm mit Wärme und Verständnis begegnen?
Genau diese Güte verdienst auch Du ❣

Deine Reise ist einzigartig, mit all ihren Höhen und Tiefen. Jede Erfahrung hat Dich geformt und zu dem Menschen gemacht, der Du heute bist.
Es ist in Ordnung, nicht perfekt zu sein.
Es ist in Ordnung, Fehler zu machen.
Es ist in Ordnung, Momente der Unsicherheit zu haben.

Das macht Dich menschlich und authentisch.
Betrachte Dich mit sanften Augen.
Erlaube Dir, Deine Stärken zu sehen und Deine vermeintlichen Schwächen als Teile eines komplexen und faszinierenden Ganzen anzuerkennen ❣
Du bist ein Kunstwerk im Entstehen, und jede „Unvollkommenheit" trägt zu deiner einzigartigen Schönheit bei.
Sei geduldig mit Dir selbst ❣
Wachstum braucht Zeit, und Selbstakzeptanz ist ein Prozess, der sich Schritt für Schritt entfaltet.
Feiere jeden kleinen Fortschritt und sei nachsichtig, wenn es Rückschläge gibt.
Du bist wertvoll und liebenswert, genau so wie du bist, in diesem Moment ❣
Atme tief durch und erlaube Dir, Dich selbst mit Freundlichkeit und Akzeptanz zu umarmen ❣
Du bist genug ❣

# Unterschiedlichkeiten annehmen
## Ist unsere Unterschiedlichkeit eine Bereicherung?

Jeder wird es kennen: die Unterschiedlichkeiten!
Unterschiedlichkeiten von Dingen, die warm, kalt; groß, klein; bunt oder schwarz; fest oder weich sein können.

Unterschiedlichkeiten bei uns Lebewesen: selbst Geschwister sind oft völlig unterschiedlich; in einer Partnerschaft wird es viele Unterschiede geben und jeder Mensch unterscheidet sich zum Teil fundamental von anderen Menschen; bei Tieren ist das ebenso.

Die Kunst für ein Zusammenleben wird immer sein, diese Unterschiedlichkeiten (wenn man das möchte) so zu gestalten, dass sie in einer Partnerschaft keine schlechte Eigenschaft, sondern eine Bereicherung darstellen, denn sie können zu einer Gelegenheit werden, die Beziehung zum Partner zu vertiefen. Ein Annehmen der Gegensätzlichkeit kann also Chancen bieten. Aber natürlich kann die Unterschiedlichkeit auch eine Barriere darstellen, sich überhaupt kennenlernen zu wollen und auf die Andersartigkeit des Partners wird oft mit Ablehnung und mit „Aushalten" reagiert.

Etwas auszuhalten ist wohl die häufigste Form der Reaktion auf unsere Differenz. Annahme heißt unter anderem, aufzuhören mit dem, was man bis jetzt was lebte. Es wird abgelehnt, weil es von dem, was man lebte, verschieden ist.

Im besten Fall würde sich eine Mischung ergeben und man könnte trotz aller Abweichungen den Partner willkommen heißen, auch wenn er in diesem oder jenem Punkt so anders ist.

Dies bezieht sich allerdings nur auf Bereiche, die nicht Grundlegendes umfassen. Wer sich beispielsweise politisch auf einer ganz anderen Ebene befindet, wer völlig konträre Ansichten zu Werten hat und so weiter – da wird es vermutlich keine Kompromisse geben können. Auch die etwa gleiche Lebenseinstellung ist sicherlich wichtig. Aber ob man nun Hummer mag oder nicht, ob man lieber die Farbe Blau als Rot mag... das sind Unterschiede, die nicht tragend sind und die leicht angenommen werden kennen. Kein Mensch ist zum Glück absolut gleich und oft sind es gerade die kleinen Unterschiede, die anziehend wirken. Man bekommt eine neue Perspektive auf so Manches und kann anderes einfach mal so stehen lassen.

Das heißt also, solche Unterschiedlichkeiten müssen nicht zwangsweise ein Problem darstellen.

Allerdings gibt es Ängste oder Sorgen, wie beispielsweise nicht zu wissen, wie man etwas ansprechen kann, oder die Angst, dass man zu keiner Lösung finden kann und womöglich am Ende doch enttäuscht wird. Auch die Angst, dass man seine Eigenständigkeit, seine Freiheit oder Autonomie verlieren könnte, kann hier eine Rolle spielen.

# Und immer wieder Hoffnung!

**Es ist manchmal schlicht und ergreifend anstrengend, immer wieder die Hoffnung zu haben: DIE Hoffnung, dass es beim Daten doch dieses Mal bitte klappt!**

Das kann geistig und körperlich sehr ermüdend und strapazierend werden und ebenfalls zum schon beschriebenen Dating-Burnout führen.

Hoffnung zu haben, ist ein Baustein zu einem erfüllten Leben.

> *Wo Leben ist, ist Hoffnung.*
> *Stephen Hawking*

### Was ist Hoffnung überhaupt?

Hoffnung ist eine zuversichtliche innerliche Ausrichtung, gepaart mit einer positiven Erwartungshaltung, dass etwas Wünschenswertes eintreten wird, ohne dass wirkliche Gewissheit darüber besteht.

Der Begriff Hoffnung kommt vom mittelniederdeutschen "hopen", was so viel wie „hüpfen" oder „vor Erwartung zappeln" bedeutet und beschreibt eine unruhige, aber positive Erwartungshaltung gegenüber der Zukunft. Der hoffende Mensch glaubt daran, dass alles seinen Sinn hat und dass immer die Möglichkeit besteht, dass sich die Dinge zum Guten wenden. Hoffnung äußert sich in unserer inneren Einstellung. Wir sind zuversichtlich, dass sich etwas zum Guten entwickeln wird. Wir stellen uns vor, eine Situation meistern zu können und wir glauben, alleine oder mit der Hilfe anderer eine für uns gute Lösung finden zu können. Daraus zieht man Kraft und Mut. Diese generell positive Betrachtungsweise des Lebens kann auch als Optimismus oder Zukunftsglauben bezeichnet werden.

Ich bin ein starker Verfechter des „Hoffnung-Habens" und habe mit meinen Gedanken ein komplettes Buch gefüllt („Hoffnung: Vom Pessimisten zum Optimisten").

Ohne Hoffnung würden wir depressiv und krank werden und doch ist es manchmal nicht so einfach, Hoffnung zu haben und beizubehalten.

Hoffnung zu Zeiten von schwerer Krankheit oder nahendem Tod, Hoffnung bei Trennungen, Jobverlust und so weiter: das ist Schwerstarbeit!!!

Und doch, das habe ich selbst schon mehrfach erlebt, ist der kleine Funke der Hoffnung in diesen Phasen so unglaublich wichtig. Dinge geschehen und man kann sie vielleicht nicht ändern, aber wie wir damit umgehen: das ist unsere Sache und wie immer sage ich: wir haben die Wahl! Die Wahl aufzugeben oder weiterzumachen und das Zweite bewährt sich doch meistens!

In der Sterbephase meines Mannes, in der wir WUSSTEN, dass es keine Hoffnung auf Weiterleben gibt, habe ich das kleine Fünkchen Hoffnung in mir getragen, dass er nicht allzu sehr leiden muss.

Bei meinen Trennungen habe ich immer die Hoffnung (begründet) gehabt, dass es danach weitergehen wird. Nicht alles wird sofort gut, nicht alle kommt direkt wieder in die Balance, dafür sind manche Schicksalsschläge einfach zu hart. Aber wenn wir aufgeben, geben wir auch die Hoffnung auf und das wird uns nur herunterziehen.

Zu hoffen und auch zu wissen, dass das Leben trotz widriger Umstände lebenswert sein kann, das ist so unfassbar wichtig!

Im Falle von Dating-Burnout oder vielen missglückten Dates ist es natürlich schwer, noch Hoffnung zu haben. Es hat sich ja (vielleicht sogar über eine längere Zeit) gezeigt, dass das Daten eher hoffnungslos erscheint und einfach nicht der richtige Partner dabei ist! Man möchte auch seine Erwartungen an den potenziellen Dating-Partner nicht herunterschrauben und sich selbst und seinen Vorstellungen auch in etwa treu bleiben. Kompromisse ja, aber kein Verbiegen!

Und dann immer wieder Hoffnung auf DEN Partner zu haben, darauf, dass sich schon alles wenden wird und der Traumprinz plötzlich aus dem Nichts vor einem steht: da vergeht einem das Träumen und das Hoffen.

Aber Hoffnung steht ja auch dafür zu glauben, dass im weitesten Sinne unsere Einstellung, genau diese Hoffnung, auf dem Glauben an eine bessere Zukunft besteht, die zwar schwer zu erreichen, aber nicht unmöglich ist. Was wir dafür benötigen, ist das Vertrauen in unsere eigenen Fähigkeiten und unsere Ressourcen!!!

Denn Hoffnung braucht keine Gewissheit, dass etwas gut wird. Wer hofft, hat eine grundsätzlich positive Einstellung, dass etwas gut werden kann – und zieht daraus Kraft und Mut. Wer hofft, vertraut in die Zukunft und blickt mit Zuversicht auf das Morgen – auf das, was passieren wird.

Das bedeutet, dass die Eigenschaft zu hoffen, vermutlich mehr als jede andere dafür verantwortlich ist, dass wir mehr Ziele erreichen und somit mehr Probleme lösen können. Somit lernt man, sich den Herausforderungen zu stellen und diese zu überwinden.

**Warum ist Hoffnung also so wichtig?**

Hoffnung wirkt sich auf **Körper und Seele** positiv aus. Das heißt, wir können Schmerzen besser aushalten und erholen uns schneller, wenn wir Hoffnung in unser Leben lassen. Dadurch werden wir auch optimistischer und unsere Stimmung verbessert sich!

Hoffnung mobilisiert die Selbstheilungskräfte unseres Körpers. Eine positive Erwartungshaltung (Hoffnung) führt zu realen und messbaren Veränderungen im Körper! Andererseits bewirkt der **Verlust der Hoffnung,** dass unsere Lebensenergie abnimmt, unsere Selbstheilungskräfte ermatten.

Wenn man sich das alles vergegenwärtigt, merkt man schnell, dass Hoffnung mehr als nur ein Wort ist! Hoffnung ist Gesundheit und ein Weg in ein glückliches und erfülledes Leben! Sie verbindet uns auf gute Art und Weise mit der Zukunft (wie ein Band, das schon Richtung Zukunft weist), sie motiviert uns zum Handeln (handlungsfähig zu bleiben ist eine wichtige Basis!) und gibt uns die Kraft, auch in schwierigen Zeiten weiterzumachen. Aber natürlich ist auch die Hoffnung nicht nur mustergültig, denn sie erfordert einen sehr bewussten Umgang, um eine Balance zwischen Vision und Realität wahrzunehmen, zu halten und zu leben.

Der Gefühlszustand Hoffnung wird in unserem Gehirn durch den Botenstoff Dopamin gesteuert. Wenn zu erwarten ist, dass uns etwas guttun wird, dann ermuntert uns unser Gehirn, weiter in diese Richtung zu gehen. Es belohnt uns mit Wohlgefühl, und wir sind hoffnungsvoll. Das ist doch schonmal eine gute Nachricht!

Und natürlich ist **Hoffnung auch kein Dauerzustand!**

Sie hilft uns in schwierigen Lebensphasen, aber sie muss kein permanenter Zustand sein. Sie kann jederzeit und auch völlig unerwartet immer mal wieder von Zweifel, Angst und sogar von Hoffnungslosigkeit begleitet sein oder gar durchbrochen werden.

Es liegt in der Natur des Menschen, dass man immer mal wieder Rückschläge erlebt oder von negativen Gefühlen und Zweifeln eingeholt wird. Das ist normal gehört zum Prozess auf dem „hoffnungsvollen Weg" einfach dazu. Das Leben ist Licht und Schatten. Dieses „aus der Balance-Geraten" kann uns verunsichern, aber es kann Teil eines Prozesses sein.

### Wie schöpft man Hoffnung?

Das Wichtigste ist, dass man lernt, die momentane Situation zu akzeptieren – möglichst wertfrei: sie ist da, es ist eventuell dumm gelaufen, aber zu hadern bringt uns nichts. Aus der Akzeptanz heraus fällt es uns leichter, klar zu denken und handlungsfähig zu bleiben.

### Wie finde ich zu meiner Hoffnung zurück?

Es ist wichtig, gnädig mit sich selbst und seinen Emotionen zu sein. Wie schon in anderen Kapiteln beschrieben, sind psychische Schmerzen mit denen körperlicher Art gleichzusetzen und entsprechend schlecht geht es uns dann.

Deshalb darfst Du Dich auch hier gut reflektieren und klare Zweifel an Deiner Hoffnungslosigkeit hegen. Schaue gerne genau hin und versuche Gegenargumente gegen diese Zweifel zu erörtern. Außerdem ist es so wertvoll, mehr im Hier&Jetzt zu leben, den Augenblick wertzuschätzen, die guten Momente zu genießen – ganz bewusst! Das erzeugt Dankbarkeit und diese ist einer der Schlüssel zum GLÜCK! Etwas Neues auszuprobieren kann auch eine große Unterstützung darstellen. Rauszugehen, etwas mit anderen zu unternehmen kann Kraft und Energie zurückbringen! Sich mit positiven Menschen zu umgeben, hilft ungemein in solchen Phasen. Menschen, die das Leben lieben geben uns oft wertvolle Kraft und Energie; sie reißen uns mit, stecken uns an mit ihrer Begeisterung und holen uns somit aus dem tiefen Loch heraus.

Wenn man es dann noch schafft, all das Negative im Leben zu meiden oder zu verändern, ist man auch schon ein Stück weiter.

Sich immer wieder an gute Zeiten zu erinnern, ist ebenfalls sehr hilfreich. Man darf sich klarmachen, dass die momentane Phase nicht gut läuft, man ist vielleicht sehr enttäuscht, wurde verletzt und ist tieftraurig. Und doch hatten wir schon wundervolle Momente und Phasen in unserem Leben und die Hoffnung hilft uns darauf zu vertrauen, dass sie wiederkommen!

Und man hat wie immer die Wahl und es tut gut, wenn man sich selbst sagen kann: Es ist gerade hart, aber ich mache weiter und richte den Blick nach vorne. Es gibt immer ein Lichtlein am Ende des Tunnels.

### Wie fühlt sich Hoffnung an?

Wenn wir hoffen, erleben wir oft das Phänomen, dass sich alles stabilisiert und man deutlich motivierter ist, etwas zu tun (HANDLUNGSFÄHIGKEIT). Somit ist Hoffnung sozusagen eine Art Gegengift gegen Ohnmacht und Resignation, aber auch gegen Überforderungsgefühle und Überlastung und kann uns vor körperlichen und seelischen Erkrankungen schützen.

# Lass die Hoffnung Dein Segel sein

## Hoffnungsvolle Worte!

Auch wenn der Himmel gerade grau erscheint, die Dunkelheit sich auszubreiten scheint und alles voller Hoffnungslosigkeit erscheint, erinnere Dich daran, dass selbst die längste Nacht irgendwann von einem neuen Morgen abgelöst wird !

Hoffnung ist wie ein kleines Licht in der Ferne, das uns den Weg weist, auch wenn wir ihn im Moment kaum erkennen können.

Erlaube diesem Licht, in deinem Herzen zu flackern.

Es mag klein sein, aber es ist widerstandsfähig.

Es nährt sich von der stillen Gewissheit, dass nichts für immer bleibt, dass Veränderungen möglich sind und dass in jedem Ende auch ein neuer Anfang liegt❗

Halte an dieser Hoffnung fest, auch wenn sie sich manchmal wie ein zarter Faden anfühlt.

Sie ist die Brücke, die Dich über schwierige Zeiten tragen kann ❗

Vertraue darauf, dass sich neue Wege auftun werden, dass sich Perspektiven verändern können und dass auch für Dich wieder hellere Tage kommen werden❗

Du bist stark und hast bereits Herausforderungen gemeistert.

Diese innere Stärke ist Dein Anker ❗

Lass die Hoffnung Dein Segel sein, das Dich durch den Sturm trägt, bis Du wieder sicheren Hafen erreichst❗

Gib die Hoffnung nicht auf, denn sie ist der Keim für alles Gute, das noch kommen mag ❗

# Bindungsstörungen

Es sagt sich so leicht: „Er/sie hat eine Bindungsstörung!".
Tatsächlich gibt es aber unglaublich viele Menschen mit einer Bindungsstörung.

Und wenn man datet, dann trifft man ja bekanntlich auf alles, was diese Menschheit so zu bieten hat...
Darunter auch auf Bindungsgestörte.
Natürlich gibt es viele unterschiedliche Arten und Ausprägungen dieser Störung und ebenfalls natürlich, kann ich sie hier nicht alle aufführen.
Bindungsstörungen sind häufig der Vorläufer von Persönlichkeitsstörungen, wie die Borderlinestörung und narzisstische Persönlichkeitsstörungen, sowie dissoziativen Störungen (wie auch multipler Persönlichkeit).

Aber wenn man schon einmal weiß, dass es Bindungsstörungen überhaupt gibt und was die häufigsten Auffälligkeiten sind, ist man schon etwas gewappnet im Dating-Dschungel!

**Bindungsstörungen können sich äußern in:**

- Furchtsamkeit
- Übervorsichtigkeit
- Unglücklichsein
- Mangel an emotionaler Ansprechbarkeit
- Verlust oder Mangel an emotionalen Reaktionen
- Apathie
- depressive Symptome
- zurückgezogenes Verhalten
- Verhaltensmuster wie das Vermeiden von Augenkontakt
- negative Reaktionen auf Berührungen, Trost oder Beruhigung
- Stimmungsschwankungen

**Die gute Botschaft lautet:** Bindungsfähigkeit kann man lernen. (zum Beispiel mit Psychotherapie).

Und: Menschen mit Bindungsangst können lieben. Manchmal haben sie jedoch keinen Zugang zu ihren Gefühlen oder es fällt ihnen schwer ihre Gefühle wahrzunehmen oder zu zeigen. Es kann sein, dass sich das Gefühl bei ihnen eher als ein „Brauchen" äußert.

Ursachen einer Bindungsstörung sind häufig Vernachlässigung und Missbrauch in der Kindheit, da dann ein kleines Kind Schwierigkeiten hat, sichere emotionale Bindungen zu seinen Vertrauenspersonen aufzubauen. Kinder, die Vernachlässigung oder Missbrauch erfahren haben, haben möglicherweise Schwierigkeiten, anderen zu vertrauen, ihre Emotionen zu kontrollieren und gesunde Beziehungen aufzubauen.

Ein Bindungstrauma entsteht meist dann, wenn ein Mensch in einem Bindungssystem lebt, in dem er Zurückweisung, Ablehnung oder gar Gewalt in Form von Missbrauch erfährt, also auch in einem gestörten Verhältnis zu den Eltern. Auch Verletzungen und Verlustängste vergangener Beziehungen sowie Minderwertigkeitskomplexe der eigenen Person können zu Bindungsstörungen führen.

# Der vermeidende Bindungstyp

Vielleicht kannst Du mit dieser Überschrift erst einmal gar nichts anfangen und ich muss zugeben, dass auch ich erst durch eine meiner besten Freundinnen auf diesen Begriff aufmerksam wurde. Nämlich dann, als ich in einer solchen Beziehung steckte und sie mir deutlich sagte, was es damit auf sich hat.

Vermeidende Männer suchen meist nur Freundschaft Plus, da sie keine komplette Nähe zulassen können oder wollen.

Das Verflixte ist, dass das vermeidende Verhalten in uns Frauen den „Jagttrieb" weckt und wir dann dummerweise alles tun, um diesen Mann von uns und einer festen Beziehung zu überzeugen.

Falscher Ansatz; aber erst einmal beleuchte ich diesen Bindungstyp, den es auch bei Frauen gibt – bei Männern wohl aber häufiger.

- Ein vermeidender Bindungsstil ist geprägt durch ein Streben nach Unabhängigkeit und einer oft unbewussten Distanzierung von emotionaler Nähe.
- Deswegen kann es sehr herausfordernd werden, mit vermeidenden Personen eine Beziehung zu führen.

Das Muster einer solchen Beziehung kennzeichnet sich dadurch, dass der eher ängstliche Bindungstyp sich von dem Vermeider angezogen fühlt. Oft sind sie sehr attraktiv und strahlen etwas Besonderes aus. Außerdem erscheint er stabil, sicher und geerdet. Man fühlt sich wohl bei ihm, da sich auch sein Nervensystem ruhig anfühlt.

Allerdings denkt der Vermeider, dass ihm der Partner mehr Nähe und vor allem Verbindlichkeit aufdrängen möchte, als ihm lieb ist. Das wiederum bedingt bei dem anderen, dem ängstlichen Bindungstyp, dass er sich in seiner Wahrnehmung bestätigt sieht, dass er immer mehr Nähe braucht, als die andere Person ihm geben kann und irgendwann im Stich gelassen wird. Ein fataler Kreislauf!

Die vermeidende Persönlichkeitsstörung ist durch ein geringes Selbstwertgefühl und eine intensive Angst vor Ablehnung gekennzeichnet. Betroffene vermeiden häufig soziale Situationen, um diesen Gefühlen zu entgehen. (Die vermeidende Persönlichkeitsstörung ist mit Psychotherapie behandelbar).

Mir geht es hier darum aufzuzeigen, dass es vermeidende Menschen gibt und wie sie wirken. Fairer Weise muss ich erwähnen, dass es auch viele Tipps gibt, wie man mit ihnen umgehen kann. Aber auch hier sind in einer Partnerschaft deutliche Grenzen gesetzt, da sich ohne Behandlung beim Vermeider nichts ändern wird.

Wichtig ist mir, dass Du als Leser und Nicht-Vermeider diesen Wesenszug bei einem anderen erkennen kannst und Du Dich dann nicht schlecht fühlst. Denn gerade, wenn man sich mehr wünscht, kann das alles ziemlich heftige Auswirkungen auf Deine Psyche und auch Deinen Selbstwert haben, da man die Taktik der Vermeider anfangs nicht durchschaut und sich dann selbst die Schuld gibt. Deshalb ist Aufklärung so wichtig!

**Vermeidende Männer senden gemischte Signale, sind unzuverlässig, halten Dich ständig auf Abstand, lassen keine echte Nähe zu, und stellen oft ihre Bedürfnisse in den Vordergrund.**

### Ursachen dieser Bindungsstörung:

- Meistens sind die Ursachen einer Bindungsstörung in der Kindheit zu finden, in der die Kinder für sie in unverständlicher Weise zurückgewiesen wurden. Deshalb prägt Angst vor Zurückweisung ihre Gefühlswelt auch heute noch in Partnerschaften. Und die Vermeidung von Nähe dient dem unsicher-vermeidenden Bindungstyp als Schutzmechanismus vor der gefürchteten Zurückweisung. Wenn er sich auf nichts Intensives einlässt, so kann er nichtverletzt werden, denkt er.

### Wichtig zu wissen ist:

- ➤ **Wie ernst Dich ein Vermeider nimmt, hängt immer davon ab, wie ernst DU DICH selbst nimmst**

### Wie fühlt man sich mit einem Vermeider?

Einen Vermeider (also jemanden, der eine **Bindungs-Störung** hat), erkennt man daran, dass er angeblich „wenig Zeit" hat, Nachrichten nicht zeitnah beantwortet, nicht lange bleiben kann, Ausflüche benutzt und sich eher rarmacht. Er wirft seinem Partner „Brocken" hin, hält ihn sich warm und vermeidet jegliche Verbindlichkeit und emotionale Nähe.

**Wenn man so etwas erlebt, hat man das Gefühl, man sei dem anderen nicht wichtig genug.**

Die schreckliche Spirale der Entwürdigung würde dann beginnen, wenn man diesem vermeidenden Mann hinterherläuft und beispielsweise SMS, Zeit und Nähe einfordert.

Das Ambivalente daran ist, dass der Vermeider zu Beginn der Beziehung einen tollen Eindruck macht und sich auch für uns interessiert, sodass man anfangs auch kein „komisches Bauchgefühl" bekommt, sondern sich recht sicher fühlt. Im Laufe der Zeit (meist aber schon recht bald) zeigt sich dann die für uns *seltsame Distanz*, indem die Vermeider wie erwähnt nicht auf SMS antworten, Anrufe nicht entgegennehmen oder ganz offensichtlich andere Prioritäten haben.

Ich habe das zweimal erlebt und dann auch genau diese Frage gestellt: „Wo stehe ich eigentlich in Deiner Prioritätenliste?".

Diese Frage verstehen Vermeider gar nicht, da sie ja der Meinung sind, sie würden alles nur Mögliche für uns und die Beziehung tun. Die Konfrontation damit verläuft meistens so, dass sie sich entschuldigen und Besserung belobigen – die niemals eintritt!

Spätestens jetzt wird es Zeit, die Reißleine zu ziehen und sich zurückzuziehen.

Denn wir haben es nicht nötig, dass wir jemandem hinterherlaufen. Der neue Partner sollte, wenn er es ernst meint, genügend Interesse an uns zeigen und vor allem gerade zu Beginn alles dafür geben wollen, dass wir uns geliebt und angenommen fühlen. Vermeider können das nur kurz vortäuschen und verfallen dann wieder in ihre Rolle.

Das kann für uns, die das erleben müssen, sehr hart und äußerst frustrierend sein und birgt natürlich auch immer die Gefahr, dass wir uns abgelehnt fühlen.

Und natürlich ist es ja auch eine gewisse Form der Ablehnung, auch wenn der Vermeider es nicht böse meint. Er kann einfach nicht anders – bemüht sich aber auch nicht und das war für mich dann auch immer der Grund, mich von diesen Männern zu trennen.

Ein Vermeider erkennt nicht, dass er ein Vermeider ist. Er ist festgefahren in seiner Rolle, da sie ihm vermeintlichen Schutz bietet und

Sicherheit. Sich mit Distanz zu umgeben, ist für ihn einfacher, als sich auf jemanden komplett einzulassen.

Nun liegt es also wieder an uns: wir haben die Wahl!

Mir wurde nach vielen Recherchen und wissenschaftlich geprägten Texten klar, dass man einen Vermeider nicht „verändern" kann – es ist absolut sinnlos das auch nur zu wollen.

Als ich das erlebte, fand ich es irgendwann nur noch ermüdend, mir anzuhören, wie toll gerade sein Zusammensein mit Freunden und das Grillen mit ihnen sei und so weiter. Auch die ewigen Erzählungen, was er noch so alles vorhätte – ohne mich, versteht sich. Er wollte mich einmal pro Woche sehen, denn er hätte einfach „so viel um die Ohren"! Für mich ist eine neue Beziehung mit einem Treffen einmal wöchentlich nicht zielführend und ich fühlte mich ausgestoßen, was ja auch tatsächlich passierte. (Ich bin niemand, der den neuen Partner rund um die Uhr sehen muss, aber Verbindung zu halten und das Gefühl zu bekommen, dass er alles gibt, um mich auch sehen zu können – das brauche ich schon! Und ich meine damit natürlich nicht, dass man sofort die „Nummer eins" ist. Jeder hat sein privates Leben, hat Verpflichtungen oder Familie und Freunde, die er sehen möchte, aber es sollte doch irgendwie kompatibel sein).

Ich habe damals mit einem befreundeten Psychologen über dieses vermeidende Verhalten gesprochen und mir wurde klar, dass ich eine Entscheidung treffen muss: MIR zu Liebe!

Die Entscheidung fiel für MICH aus und gegen die Beziehung!

Ich habe das Recht, eine gewisse Priorität zu sein und möchte dies auch! Wenn das nicht funktioniert, entspricht das nicht meiner Lebensplanung. Punkt.

Wir müssen wirklich niemandem hinterherlaufen, denn wer uns voll und ganz mag, wer Zeit mit uns verbringen möchte – der tut das auch und zwar von sich aus, weil er es einfach ebenfalls MÖCHTE. Weil es ihm ein Bedürfnis ist uns nahe zu sein und in Verbindung zu stehen.

> ➤ Vermeider können keine Verbindung halten, denn sie verhalten sich und sind absolut UNVERBINDLICH!

Unverbindlichkeit und Beziehung: das sind für mich getrennte Dinge und passen nicht zusammen.

Und beinahe hätte ich als Schlusssatz geschrieben, dass ich somit einen tollen Mann fortschickte. HALT! Nein, er war nur vermeintlich toll. Wirklich toll wäre er gewesen, wenn er Verbindlichkeit gezeigt hätte und zu der so schön aufkeimenden Beziehung gestanden hätte.
Im Grunde ist er ein Blender und ich brauche Echtheit, Authentizität, Verbindlichkeit und Zuneigung.
„Ende der Geschichte!"


Anmerkung:

- Bei den Nutzern von Dating-Portalen ist der Anteil von Personen mit einem ängstlich-vermeidenden Bindungsstil höher als bei denjenigen in einer Beziehung. Das heißt, diejenigen suchen zwar Nähe und Kontakt, wenn dies dann aber eintritt, können sie es nicht gut ertragen und/oder genießen und verlassen diese Konstellation also auch schneller wieder.

- Damit wir in solchen Situationen „bei uns bleiben" und zu uns SELBST stehen können, sind all die Stärken wie Selbstliebe, Akzeptanz und so weiter, auch so besonders wichtig und genau deshalb beleuchte ich sie im Buch auch so umfassend.

# Dates ohne Dating-Portal
## (und ein Fall-Bericht)

**Und dann gibt es sie noch: diese zufälligen Zusammentreffen (sei es auf einem Fest, einer Party oder im Supermarkt) und man tauscht Handynummern aus.**

Was dann?

Wer schreibt zuerst? Wie verhalte ich mich? Ist unser erstes Treffen überhaupt ein Date oder einfach nur ein Kennenlernen? Was möchte der andere?

Das habe ich auch schon erlebt und war erst einmal sehr dankbar, dass es in meiner Dating-Pause passierte und somit nicht über ein Dating-Portal passierte.

Man hat das Gefühl, dass es irgendwie „normaler" ist und doch auch ist mehr Unsicherheit da, weil man einfach nicht weiß, was der andere mit dem Treffen bezwecken möchte.

Ulla, einer Referentin aus Hamburg ist dies passiert und sie hat mir dankenswerter Weise von ihrer Geschichte und ihren Emotionen erzählt!

Sie hielt beruflich einen Vortrag in einer großen Firma. Es waren über 100 Menschen anwesend und der Vortrag verlief äußerst gut und sehr lebendig.

In der Pause traten viele Menschen auf sie zu und wollten mit ihr plaudern. Ein Mann (nennen wir ihn „M.") in ihrem Alter kam ebenfalls auf sie zu und sie verstrickten sich in eine sehr angenehme und tiefgreifende Unterhaltung, die sie dann aber unterbrechen mussten, da es mit dem Vortrag weiterging.

Nach dem Referat kam er wieder auf sie zu und irgendwann hatten sie sogar mal einen Moment für sich alleine und tauschten Handynummern aus, um „in Kontakt zu bleiben"!

Ulla fand M. sehr interessant und äußerst sympathisch und war gespannt, ob sich ein Kontakt ergeben würde.

Nachmittags erzählte sie ihrer Lieblingskollegin sogar von ihm, denn irgendetwas hatte sie an ihm gefesselt.

Am kommenden Tag bekam sie eine WhatsApp von M. mit der Frage, wie es ihr ginge und dass der Vortrag so toll und zielführend gewesen sei und sie eine tolle Art hätte, die Dinge zu benennen und auf den Punkt zu bringen. Sie antwortete ihm erfreut und sie schrieben sich ein paar Mal hin und her.

Ein paar Tage später fragte er sie, ob sie mal einen Kaffee mit ihm trinken gehen wolle. Sie verabredeten sich nach Feierabend in einer Bar und verbrachten drei wundervolle Stunden zusammen, erzählten sich sehr viel Privates, hatten unglaublich viele Themen gemeinsam und sie war fast traurig, als der Abend endete.

Auf der Heimfahrt reflektierte sie das Zusammensein, denn sie stellte fest, dass sie, die sonst so „kühle Blonde", plötzlich Gefühle entwickelte. Sie kamen unerwartet, denn obwohl sie auch recht schnell begeisterungsfähig ist, war das erst einmal neu für sie.

Sie fragte sich auch, was das war, denn er war optisch eigentlich gar nicht ihr Typ (sie sagte, er sei weder von seiner Statur, noch von seinem Kleidungsstil ihr Typ Mann gewesen). Aber sie fand schnell heraus, dass es sein Intellekt war, der sie magisch anzog.

Sie hatten ab und an Kontakt via WhatsApp und ihre Vorfreude auf ein neues Treffen stieg. (In der Bar hatten sie sich so verabschiedet, dass sie mal telefonieren oder schreiben würden).

Also schrieb sie ihm ne kurze Nachricht und fragte nach einem neuen Treffen.

Darauf reagierte er sehr zurückhaltend (er sei sehr beschäftigt).

Das ernüchterte sie dermaßen, dass es ihr so richtig schlecht ging.

Sie fragte sich: „Habe ich bei unserem Treffen etwas falsch gemacht?"; „War ich zu offen?"; „War ich zu quirlig vor Aufregung?"; „Habe ich etwas Komisches gesagt?"; „Bin ich ihm doch zu korpulent?" ......... Und und und!

Ich bin Ulla sehr dankbar, dass ich sie interviewen durfte, denn mit ihren an sie selbst gerichteten Fragen zeigt sie uns so anschaulich unsere Verletzlichkeit auf (das geht Männern genauso) und dass wir lernen dürfen, nicht UNS immer „diesen Schuh" anziehen zu müssen.

Es gibt tausende Möglichkeiten, warum M. so distanziert reagiert hat: er ist tatsächlich beschäftigt, da er sich sein Single-Leben bewusst so eingerichtet hat; er hat familiäre Verpflichtungen..., oder er ist nicht an „mehr" interessiert; oder er kann es nicht zeigen, dass er Interesse hat und will nicht zu schnell sein; oder oder oder…

Fakt ist, dass sich der betroffene Teil Gedanken macht, die schlaflose Nächte präsentieren oder gar am Selbstbewusstsein nagen können. Und schwupps sind wir wieder in der Dating-Falle!

Was Ullas Fall so schön aufzeigt ist, dass es auch „im wahren Leben" nicht einfach ist, zu wissen, was der andere möchte. Bei den Dating-Portalen ist es ganz klar: man ist auf der Suche nach einem (festen) Partner. Das braucht man nicht infrage zu stellen, denn die ABSICHT ist einfach klar.

Beim Treffen im realen Leben ist erst einmal gar nichts klar: außer einer gegenseitigen Sympathie oder dem Interesse aneinander. Niemand weiß, was der andere beabsichtigt, ob er überhaupt etwas beabsichtigt, ob er auf der Suche nach einem neuen Partner ist oder einfach nur sein Leben mit einem netten Treffen in einer Bar oder einem Café bereichern möchte. Das macht es tatsächlich schwieriger; vor allem, wenn ein Partner Gefühle entwickelt.

Es muss nichts entstehen, alles ist möglich oder auch nicht möglich… Die Ungewissheit hat an Ulla sehr gezehrt und sie musste damit klarkommen, dass sie sich quasi überstürzt verliebt hatte und dass es im Moment so aussah, als ob er zumindest keine solches Interesse hätte.

Man kann ja auch schlecht beim ersten Treffen fragen, ob der andere einen Partner sucht. Es geht ja erst einmal um ein näheres Kennenlernen – vielleicht ganz ohne Absicht. VIELLEICHT! Vielleicht auch MIT Absicht und es wird vielleicht auch einen Eiertanz um dieses Thema herumgeben. Im Endeffekt wird sich zumindest einer der beiden Beteiligten öffnen müssen.

Ulla erzählte mir, dass sie mit 55 Jahren ja eine gestandene Frau sei, Kinder und einen erfolgreichen Beruf hätte und trotzdem stünde sie nun wie eine 14-Jährige hilflos dieser Situation gegenüber.

Sie sagte auch, dass sie schlicht und ergreifend vergessen hätte, wie das früher mal mit dem Daten war. Aufgrund ihrer nicht so tollen Online-Dating-Erfahrung ist sie sowieso wieder verunsichert und nun ist es noch einmal ganz anders.

Als es zu einer weiteren Verabredung kam, fragte sie ihn, wie er denn dieses heutige Zusammentreffen deuten würde: **„Ist es ein Date oder ein Treffen?"**, fragte sie.

Sie erhielt immerhin ein Schmunzeln als erste Reaktion, dann aber die klare Aussage, dass er sich zwar auch schon Gedanken gemacht hätte, aber bei ihm sei der „gewisse Funke" noch nicht übergesprungen.

Das Gespräch verlief dann noch sehr angenehm mit sogar etwas mehr Nähe und sie verabredeten, dass sie sich auf jeden Fall wiedersehen werden um zu schauen, wo es hinführt....

Ulla ging davon aus, dass **er** sich wie immer melden würde und auch, da sie ja all ihre Verletzlichkeit offengelegt hatte... Sie wollte ja nun nach ihrer Offenbarung absolut nicht aufdringlich wirken und so wartete sie ab... Denn nun war ER an der Reihe...

Er hat sich nie mehr gemeldet....

Wie sie sich fühlte?

Erstaunlicher Weise, so sagte sie, sei dieses Erleben so ernüchternd für sie gewesen und hätte ihr deutlich gezeigt, dass dieser Mann, für dessen Intellekt sie so geschwärmt hatte, wohl wenig emotionale Kompetenz besaß, denn ein würdiges Verabschieden hätte zu dieser Art der Verbindung passen sollen. So kann man sich täuschen und auf Grund dieser Erkenntnis war ihr klargeworden, dass er in einer potenziellen Beziehung sicherlich auch manchmal mit Rückzug reagiert hätte und das passt einfach nicht zu ihr! Somit konnte sie diese Geschichte recht gut abhaken, ohne emotionale Blessuren erlitten zu haben. Da war sie wieder: die starke Ulla! :)

# Bonus-Tracks zum Nachdenken und Verweilen

In meinem Buch „**HOFFNUNG: Vom Pessimisten zum Optimisten**" habe ich eine wunderschöne Geschichte aufgeschrieben, die auch hier wunderbar hinpasst:

Allein der Titel ist schon toll: „Der Sprung in der Schüssel"

## *„Der Sprung in der Schüssel"*

Es war einmal eine alte chinesische Frau, die zwei große Schüsseln besaß. Diese hingen an den Enden einer Stange, die sie über ihren Schultern trug. Eine der Schüsseln hatte einen Sprung, während die andere makellos war.

Am Ende der langen Wanderung vom Fluss, wo sie die Schüsseln mit Wasser füllte, bis hin zum Haus der alten Frau, enthielt die eine Schüssel stets die volle Portion Wasser, die andere war jedoch immer nur noch halb voll. Zwei Jahre lang geschah dies täglich. Die alte Frau brachte nur anderthalb Schüsseln Wasser mit nach Hause. Die makellose Schüssel war natürlich sehr stolz auf ihre Leistung. Die arme Schüssel mit dem Sprung schämte sich aber wegen ihres Makels und war betrübt, dass sie nur die Hälfte dessen verrichten konnte wofür sie gemacht worden war.

Nach zwei Jahren, die ihr wie ein endloses Versagen vorkamen, sprach die Schüssel zu der Frau: „Ich schäme mich so wegen meines Sprungs, aus dem den ganzen Weg zu Deinem Haus immer Wasser hinausläuft."

Die alte Frau lächelte: „Ist Dir aufgefallen, dass auf Deiner Seite des Weges Blumen blühen, aber auf der Seite der anderen Schüssel nicht? Ich habe auf Deiner Seite des Pfades Blumensamen gesät, weil ich mir Deiner Besonderheit bewusst war. Nun gießt Du sie jeden Tag, wenn wir nach Hause laufen. Zwei Jahre lang konnte ich diese wunderschönen Blumen pflücken und den Tisch damit schmücken. Wenn Du nicht genauso wärst, wie Du bist, würde diese Schönheit nicht existieren und unser Haus beehren."

*Asiatische Weisheit, Autor unbekannt*

Aber man kann ein schönes Resümee aus dieser Geschichte ziehen: auf einen potenziellen Partner abgestimmt, könnte man sagen, dass wir unseren Partner einfach so nehmen möchten, wie er ist und versuchen, das GUTE in ihm und seiner Sicht der Dinge zu sehen. Kleine Pflänzchen wachsen oft ganz ungeahnt und vielleicht ist es ja die LIEBE, die es schafft!

# Seelen-Vampire / Energie-Vampire

Ich möchte Euch unbedingt diesen Text zuteilwerden lassen, denn auch beim Dating kann es passieren, dass man Energie-Räubern oder Seelen-Vampiren über den Weg läuft und nachher völlig erschöpft zurückbleibt:

Kennt Ihr sie? Diese Menschen, die uns aussaugen – wie Vampire, nur ohne Blut; dafür berauben sie uns unserer Energie!

**Hier ist ein Ausschnitt aus meinem Buch: „Hilfe Annehmen lernen, Abgrenzen & Nein-Sagen":**

Ich möchte auch noch auf ein spezielles Thema eingehen, das bestens zum Thema Abgrenzung und Hilfe passt: Wir begegnen immer wieder sogenannten **Seelen-Vampiren**, die uns aussaugen. Nicht unser Blut, aber unsere Energie - und sie nutzen unser Mitgefühl schamlos aus.

Deshalb hier ein paar Infos:

Wenn man sich nach dem Treffen mit einem Menschen völlig erschöpft, „blutleer" und kraftlos fühlt, dann hat man wohl die Bekanntschaft eines Seelen-Vampirs gemacht. Ich kann das tatsächlich manchmal sehr körperlich spüren (im Falle meiner MS reagiere ich oft mit heftiger Fatigue darauf), aber ich erlebe regelrecht, wie mir die Kraft ausgesogen wird und ich als leere Hülle zurückgelassen werde.

Sie sind Menschen, die sich unsere positive Energie ungefragt und übergriffig (grenzüberschreitend) einfach nehmen und zwar ähnlich wie jene mystischen Gestalten, die wir aus Büchern und Filmen kennen – nur dass sie anstatt Blut die Lebenskraft aus unserem Körper saugen. In diesem Fall ist es das so wertvolle „Lebenselixier" ENERGIE!

Das Verzwickte ist, dass sie sozusagen getarnt auftreten: Als Freunde, Familienmitglieder, Nachbarn oder Kollegen. Und die Tarnung ist perfekt, denn sie lächeln und sehen völlig normal aus, während sie auf Energie-Jagd sind. Was sie wollen? UNSERE Energie! Aber da wir nicht wie von Blut-Vampiren im Schlaf überrascht werden, haben wir die Möglichkeit zu handeln! :)

Ob diese Vampire es bewusst (absichtlich) oder unbewusst tun, sei dahingestellt. WIR müssen uns schützen! Das bedeutet, dass nicht alle Energie-Vampire schlechte Menschen sind. Denn es gibt tatsächlich unbewusste und bewusste Räuber. Indessen sind die bewussten Vampire natürlich die Schlimmsten, da sie uns rücksichtslos angreifen und gezielt unsere positive Energie für sich beanspruchen - und sie aussaugen und inhalieren wollen. Sie erledigen ihr Aussaugen hoch professionell und machen Energiearbeit im negativen Sinne. Anstatt uns Lebenskraft zu schenken (wie wir es von guten Freunden oder auch Osteopathie und ähnlichen alternativen Heilmethoden kennen), ziehen sie uns bewusst ENERGIE AB! Das Aussaugen unserer Energie erfolgt über 2 Varianten. Erstens auf körperlicher Ebene und zweitens auf psychischer Ebene.

Ich habe eine Nachbarin, die mich einmal in dieser Form ausgesaugt hat: Ich musste anschließend lange liegen/ruhen – völlig leer und kraftlos, super erschöpft – und noch dazu wütend auf mich selbst, weil ich es zugelassen hatte! Die Nachbarin wiederum hatte alles abgeladen, was ihr so auf der Seele lag, war zufrieden und trank sicherlich gemütlich einen Kaffee, während ich mich erholen musste. Das war für mich ein Schlüsselerlebnis und nun versuche ich (mal mit Erfolg, mal mit weniger Erfolg) diesen Seelen-Vampiren die Stirn zu bieten und ihnen Einhalt zu gewähren!

Die „Zähne" dieser Energie-Fresser sind ihre Handlungs-Art und ihre Worte. Und gerade wenn man chronisch krank ist, hinterlassen diese Krafträuber nicht nur seelische Blessuren bei uns, sondern dies kann sich gar körperlich auswirken!

Deshalb müssen wir lernen uns von solchen Menschen zu distanzieren und **ABZUGRENZEN!**

Im Falle besagter Nachbarin entwickelte ich im Laufe der Zeit meine Strategien: Wenn wir uns zufällig treffen und „es wieder los geht", breche ich kurz und schmerzlos das Gespräch ab und sage ihr, dass ich nun nach Hause gehen müsse. Wenn sie nicht aufhört zu reden, gehe ich trotzdem weiter und lasse sie reden. ;)

Wenn ich ihr bei einem Nachbarschaftsfest begegne, setze ich mich definitiv NICHT neben sie oder ich stehe auf (unauffällig), wenn sie sich zu mir setzt. Ich möchte das nicht mehr ertragen – ich habe weder die Kraft, noch die Nerven oder LUST dazu. PUNKT!

Seelen-Vampire wirken zwar ruhig und abgeklärt, aber tatsächlich haben sie ein (meist schweres) Problem. Mit Sicherheit sind sie nicht gut selbstreflektiert, haben unterschwellige oder bewusste Schwierigkeiten und verdrängen diese vermutlich. Ganz banal kann es auch sein, dass jemand einfach niemand zum Reden hat und bei uns alles abladen möchte. Dafür sind wir aber NICHT verantwortlich. Wir sind uns selbst, unseren eigenen Gefühlen und der eigenen Gesundheit verpflichtet!

Energie-Vampire brauchen Bestätigung von außen und sind äußerst unsensibel. Oft brauchen sie auch das „Drama" – eventuell auch deshalb, um sich selbst zu spüren. Sie haben verlernt, sich die nötige eigene Energie in produktiver Weise zu beschaffen; sie leiden unter energetischen Blockaden, die beispielsweise durch traumatische Erlebnisse oder Krankheiten hervorgerufen wurden; sie kämpfen häufig selbst mit Minderwertigkeitskomplexen, Verlust- und Existenzängsten.

Es gibt viele verschiedene Sorten von Vampiren und somit auch unterschiedliche Beweggründe, warum sie so kraftraubend agieren. Der typische Vampir ist der „Ignoranz-Vampir", der ununterbrochen redet und zwar Fragen stellt - aber bei den Antworten kaum zuhört! Das erzeugt dann das uns bekannte Gefühl von Leere und Energielosigkeit nach so einem Gespräch!

Die Krux ist ja, dass Vampire jagen MÜSSEN! Und das macht es für ihr Umfeld schwierig, anstrengend und gar gefährlich. Interessant ist dabei, dass auch diese Vampire andere Menschen brauchen (zum Aussaugen), da sie sich sonst selbst leer fühlen!

Vampire können Selbstdarsteller sein oder sie versuchen zu manipulieren. Im schlimmsten Fall versuchen sie, uns von ihnen abhängig zu machen. Das heißt, wenn sie wirklich ernsthafte Probleme oder eine Persönlichkeitsstörung haben, dann beschimpfen oder beschuldigen sie ihre Gegenseite oder versuchen sie klein zu machen. Sobald sie uns zu einer Rechtfertigung nötigen, müssen wir allerspätestens aufhorchen und diese merkwürde Kommunikation beenden.

✓ Seelen-Vampire sind auch von uns abhängig – denn sonst könnten sie nicht überleben!

Diese Spirale gilt es zu unterbrechen.

Dazu gehört erstens, dass wir sie erkennen und zweitens, dass wir uns distanzieren und klar abgrenzen.

Das heißt, sobald uns jemand nicht guttut, sollten wir auf unsere Intuition vertrauen und die Sachlage beobachten.

Und es gilt:

> Nicht die Probleme an sich sind entscheidend, sondern vielmehr wie wir mit ihnen umgehen.

Das ist nur eine kleine Zusammenfassung des Themas. Wenn man einem schlimmen Seelen-Vampir gegenüberstehen muss und ihm nicht ausweichen kann (Kollegen, Familie), dann sollte man sich nicht scheuen auch professionelle Hilfe in Anspruch zu nehmen.

Ein guter Tipp, der überall im Internet zu lesen ist: Nach Möglichkeit nicht alleine einem Energie-Vampir gegenüberzutreten.

# Interviews / Storytelling

Ich habe unzählige Interviews geführt und zwar mit Frauen UND Männern und mir ihre Geschichte angehört, die ich hier wiedergeben möchte.

Das Unglaubliche daran ist, dass fast jeder die gleichen Erfahrungen gemacht, ob weiblich oder männlich. Sowohl wundervolle Augenblicke, als auch Misshandlung, wie durch Borderliner oder Narzissten.

In fast jeder Geschichte konnte ich mich wiederfinden oder zumindest habe ich Ähnliches erlebt.

Ich habe von fast allen Interviewpartnern die Erlaubnis, die Vornamen und die Stadt, in der sie wohnen nennen zu dürfen. Andere mochten komplett anonym bleiben, was auch verständlich ist.

**Anke M. aus München beschrieb ihr Verhältnis zu einem Millionär:**

Anke wurde über eine der Online-Dating-Portale von einem Mann angeschrieben, der drei Jahre älter als sie war.

Es folgte das Übliche: hin- und herschreiben, irgendwann kamen dann Telefonate dazu und da die alles sehr angenehm war, wollten sie sich treffen. Was ihr besonders gefiel war, dass der Mann auch Witwer war – sie hatte ebenfalls ihren Mann verloren und dachte, das könnte dann gut passen.

Anke hat schweres Rheuma und kann keine langen Autofahrten mehr machen, was sie ihm auch mitteilte, da er eineinhalb Stunden entfernt wohnte. Er antwortete, dass er sich sehr unsicher beim Autofahren fühle, sodass sie dann doch mit „knirschenden Zähnen" zu ihm fuhr. Sie trafen sich in einem Park in der Nähe seines Hauses. Sie sah ihn und erschrak etwas, denn er sah tatsächlich etwas anders aus, als auf seinen Fotos, die er ihr schickte: weniger flott, dafür altmodischer und auch seine Mimik und Gestik überzeugten sie nicht komplett.

Heute sagt sie, dass sie damals hätte schon umdrehen sollen, aber sie wollte unbedingt einen Mann kennenlernen und übersah die ersten Anzeichen.

Sie trafen sich wieder – auch wieder bei ihm und wurden intim. Spätestens danach, erwähnt sie, hätte sie Reißausnehmen sollen, denn der Sex wäre „unterirdisch schlecht" gewesen. Sie schüttelte sich sogar, wenn sie an ihn dachte!

Auch in seinem großen Haus fühlte sie sich so gar nicht wohl. Es war Herbst und die Räume waren nicht geheizt, der Kühlschrank war immer leer, wenn sie ankam und auch die Art der Einrichtung und die vielen Fotos der verstorbenen Frau an den Wänden, machten es nicht besser.

Unterdessen kam er dann auch zu ihr nach München und dort verlief es etwas besser, aber die Unterhaltungen drehten sich immer um das Gleiche – sie sagt heute, dass sie keine intellektuelle Ebene hatten. Der Sex wurde nicht besser und irgendwann ekelte sie sich vor ihm. Dann erst machte sie sich Gedanken, was hier nicht stimmen könnte und suchte das Gespräch.

Es gab viele Dinge, die sie einfach störten: er hatte einen gewissen Ablauf im Haus, der nicht gestört oder verändert werden durfte. Trotz Nachfragen war der Kühlschrank immer noch leer, die Heizung wurde erst sehr spät eingeschaltet! Sie fror: innen wie außen. Sie empfand das ganze Haus als „kalt" und dann auch ihre Beziehung….

Der Mann war sehr sparsam, obwohl er prahlte, dass er so viel Geld hätte.

Als sie die Beziehung beendete, sagte er ihr als „Argument", dass er ja Millionär sei und es ihr noch hätte schön machen können… Ihre Antwort war dann: „Das macht Dich auch nicht schöner oder angenehmer!" ☺

Es war eine merkwürdige Trennung beschreibt sie, an der sie in der Hinsicht noch zu knabbern hatte, dass sie selbst nicht verstand, warum sie eine auf vielen Ebenen nicht zufriedenstellende Beziehung so lange aufrechterhielt.

*Meine Anmerkung:* hier ging es eindeutig um ihre Bedürftigkeit, mit der sie all das so Offensichtliche nicht sehen konnte und wollte. Das ist ein normales verhalten, wenn man aus einem tiefen unerfüllten Bedürfnis heraus agiert und nicht verwerflich! Heute sagt sie, dass sie daraus gelernt hätte.

### Monika T. aus Düsseldorf traf einen frauenfeindlichen und geizigen Mann:

Monika wurde von einem Mann angeschrieben und er wollte sich ziemlich schnell treffen, woraufhin sie auch einwilligte. Sie trafen sich am Rhein und sie wartete auf dem Parkplatz, da sie früher dort war, auf ihn. Er kam an und sie erkannten sich sofort. Er fragte dann, ob sie Parkgebühr bezahlen müssten und sie zeigte ihm den Parkscheinautomaten. Sie liefen gemeinsam dorthin und sofort regte er sich über die zwei Euro Parkgebühr auf und wollte nicht zahlen. Er zeterte herum und beinahe hätte sie ihm die zwei Euro bezahlt, weil sie sein Gejammer nicht ertragen konnte.

Als das Zahlen dann endlich erledigt war (schon da hatte sie das Bedürfnis sich zu verabschieden), gingen sie spazieren. Während des Spazierganges erzählte er nur von seinem Auto und dass Frauen doch alle gleich wären und er eigentlich keine Frauen ausstehen könne... Monika war entsetzt: sollte das ein vielversprechendes erstes Date sein???

Sie griff auf ihr „Notfall-Arrangement" zurück, da sie ihn nicht einfach so stehen lassen wollte und schicke an ihre Freundin via Handy ein Code-Wort! Es war ausgemacht, dass diese sich dann umgehend meldet und dringend ihre Anwesenheit bräuchte.

Das Ulkige war, dass sie sich so eine ernstzunehmende Geschichte von ihrer Tochter ausgedacht hatte, dass Monika sogar am Zweifeln war, ob das nicht wirklich stimmen könnte! ☺

Immerhin konnte sie unter diesem Vorwand nun schmerzfrei das Date beenden! Später, als sie im Auto saß, rief sie ihre Freundin an und fragte, ob alles ok sei oder es deren Tochter wirklich so schlecht ginge, weil sie sich nicht mehr sicher war, was nun stimmte! Das Not-fall-Arrangement hatte also ZU gut funktioniert! ☺

### Bernd M. traf eine Frau, die ihn beim ersten Date beschimpfte:

Bernd erzählte mir immer noch fassungslos von einem Date, das er hatte, was ihn ziemlich zerstört zurückließ. Er und die Dating-Dame schrieben sich, telefonierten dann und trafen sich anschließend zu einem Spaziergang.

Fast vom ersten Moment an fing sie an, alles, was für sie zu einer Partnerschaft gehört, genau zu formulieren und zu planen. Es fing so an, dass sie ihn fragte, was er sich unter einer Beziehung vorstellen würde, ließ ihn aber kaum zu Wort kommen und gab genaue Vorstellungen ihrer Ideen preis: Also nach einer gewissen Zeit zusammenzu-ziehen, die Freunde aufgeben, da es ja sonst Überschneidungen gäbe und sie ihn nicht ganz für sich hätte. Auch seinen Mini-Job (er ist Rentner) sollte er an den Nagel hängen und sich nur mit ihr beschäfti-gen. Er argumentierte und fand auch Kompromisse, aber sie schlug alles aus und beschimpfte ihn, er wäre ja egoistisch, dass er sein Leben nicht ganz für sie aufgeben wolle!

Bernd sagt, dass er sich das aus irgendeinem Grund (vermutlich war die Hoffnung da, dass sie irgendwann ruhiger und vernünftiger wird während des Gesprächs) sich das alles eine ganze Weile lang an-hörte. Beim Verabschieden sagte er ihr dann aber deutlich, dass er andere Vorstellungen von einer Beziehung hätte und sie nicht mehr treffen wollte.

Er erzählte mir, dass er sich enorm überrumpelt gefühlt hätte, wie wenn ein Tsunami über ihn gerollt wäre und er erst später realisierte, was diese Frau überhaupt alles gesagt und ihn dabei ja auch noch be-schimpft hätte!

### Gaby aus D. traf einen Mann, der besonders humorvoll sein wollte:

Gaby erzählte mir, dass sie einen Mann traf, der einen Witz nach dem anderen erzählte und sie in einer eigenen Atempause fragte, ob sie Witze mögen würde – was sie verneinte. Danach ging es erst richtig los und sie kam überhaupt nicht zu Wort und fragte sich, was mit diesem Typ nicht stimmte, dass er nicht ein persönliches Wort wechseln wollte, sondern einen Flachwitz nach dem anderen erzählte. Sie lachte schon längst nicht mehr darüber, aber auch das schien ihn nicht zu stören.

Irgendwann fragte sie ihn dann, ob er schonmal den Witz gehört hätte, dass eine Frau beim Dating den Mann hätte stehen lassen! ☺

**Rudi aus Essen traf eine leicht körperlich beeinträchtigte Frau, die sich über andere ständig lustig machte.**

Rudi wurde von einer sehr attraktiven Frau angeschrieben und bald trafen sie sich auch. Sie vergaß allerdings zu erwähnen, dass sie körperlich sehr eingeschränkt ist und auch kognitive, sowie Sprachprobleme hat.

Rudi sagt heute, dass er ein festes Bild von ihr vor Augen hatte – nämlich das, was sie auf ihrem Online-Profil gepostet hatte und er sich in dieses Bild verliebt hatte. Als er sie dann zum ersten Mal sah, war er sehr erschrocken, da man ihr die Beeinträchtigung deutlich anmerkte, aber am Meisten beschäftigte ihn, dass sie nicht ehrlich war (dazu hat sie sicherlich aus eigenen Gründen ihre Erfahrungen, aber er fand es nicht fair). Da er sich aber so sehr in dieses Bild verliebt hatte und sie natürlich auch nicht vor den Kopf stoßen wollte, ging er eine Beziehung mit ihr ein, die anfangs überraschend zufriedenstellend war.

Im Laufe der Zeit aber lästerte sie ständig über andere Menschen, wie diese sich verhalten oder auch, wie sie laufen würden. Er antwortete darauf, dass Lästern auf Kosten anderer ja nicht so schön sei und dass sie doch selbst Probleme mir dem Laufen hätte und es sicherlich nicht ertragen könnte, wenn man so über sie spräche. Sie leugnete daraufhin ihre Probleme und das Lästern wurde immer schlimmer, sodass sich Rudi vorsichtig zurückzog, mit ihr darüber sprach, aber dies zu keinem Konsens führte.

Als er sich dann nach vielen Gesprächen von ihr trennte, weil er diese Ambivalenz und auch die Gehässigkeit nicht mehr ertragen konnte, versuchte sie ihn damit zu erpressen, dass sie sich umbringen würde. Sie stalkte ihn dann auch noch eine Weile und er blockierte sie auf allen Kanälen! Das brachte nur bedingt etwas und dann rief er sie letztendlich an und erklärte ihr, dass er die Polizei informieren würde, wenn sie sich nicht zurückhielte.

Heute sagt er, dass diese Beziehung von Anfang an ein Fehler war, und er weiß aus eigenen psychotherapeutischen Gesprächen, dass die Frau vermutlich eine schwere Psychose hatte (was auch andere Ungereimtheiten erklären würde).

Nach drei Jahren meldete sie sich dann doch noch einmal über Social Media: auch hier blockierte er sie.

Für Rudi war es schockierend, dass ihm so etwas passiert war und er mitten in eine Beziehung toxischer Art und vor allem mit schwerwiegenden Psychosen hineinschlitterte. Und er fragt sich noch heute, wie er sich so sehr in ein Foto verlieben konnte.

Mittlerweile hat er eine feste Partnerschaft mit einer wundervollen Frau und sagt, dass er aus diesem „Fehler" gelernt hätte und sich nur noch in reelle Frauen verliebt hat! ☺

**Karin hat sich in einen Narzissten verliebt, der noch dazu vermutlich an einer Borderline-Störung erkrankt war:**

Ein Treffen gab es und ein Zweites und dann war klar: Karin und B. gehören zusammen.

Karin konnte ihr Glück nicht fassen, einen potenziellen Partner gefunden zu haben.

Er überhäufte sie mit Hilfsangeboten, machte ihr Komplimente und schlich sich in ihr Leben, ohne, dass sie es richtig merkte. Plötzlich war er fast rund um die Uhr bei ihr und sie fühlte sich von seiner gut gemeinten Unterstützung erschlagen und sprach auch mit ihm darüber. Er verstand sie nicht, aber zügelte sich etwas in seinem Engagement. In seiner Wohnung war er fast gar nicht mehr, weil er sie ja „verwöhnen" wollte. Im Nachhinein weiß sie, dass das schon das typische „Love-Bombing" und vor allem ein ernstzunehmendes Signal war.

## LOVE-BOMBING:

Bestimmte Anzeichen sprechen für das extreme manipulative Verhalten. Love-Bomber nutzen überhöhte Floskeln wie „Du bist die Liebe meines Lebens", „Ohne Dich kann ich mir keine Zukunft vorstellen" oder „Wir sind füreinander bestimmt". Sie schmeicheln ihrem Gegenüber mit übertrieben erscheinenden Komplimenten. Auch wenn es nicht so scheint, sind Love Bomber meist sehr unsichere Personen, die durch Love Bombing versuchen Bestätigung zu bekommen und ihr Ego zu pushen.

Sie war nicht glücklich über diesen Übereifer und konnte auch nicht verstehen, wie jemand relativ am Anfang einer Beziehung solche Liebes-Bekundungen (auch per WhatsApp bombardierend) geben konnte.

Karin sah das und nahm es wahr, aber sie erkannte anfangs nicht, was noch auf sie zukommen würde.

Er setzte sie manipulativ (und doch unauffällig) immer mehr unter Druck, zog quasi bei ihr ein und sie konnte sich nicht wehren. Heute fragt sie sich, warum sie nicht damals schon einen Riegel vorgeschoben oder ihn verlassen hat. Aber das sind müßige Fragen, denn andererseits verstand er es, sie immer wieder für sich einzunehmen.

Auffallend wurde dann nach vier Monaten „Beziehung", dass er immer kritischer und auch mal laut wurde! Er erniedrigte sie permanent, um sich in einem besseren Licht dastehen zu lassen. Auch gab er unglaublich mit seinem „Wissen", seinen angeblichen Erfahrungen und vor allem mit seinen Gütern an, die natürlich immer die „Besten vom Besten" waren und niemand auch nur annähernd solch etwas besäße…

Karin wurde immer stiller und unglücklicher, sprach mit Freundinnen und auch mit ihrer Psychotherapeutin darüber.

Er wurde immer unnachgiebiger, schrie sie an, verdrehte ihr die Worte im Mund und erniedrigte sie aufs Schlimmste! Das war der Moment, als die Therapeutin das erste Mal das Wort „Borderline-Störung" erwähnte.

## ➜ BORDERLINE-PERSÖNLICHKEITSSTÖRUNG

Die Borderline-Persönlichkeitsstörung ist durch ein durchdringendes Muster von Instabilität und Überempfindlichkeit in zwischenmenschlichen Beziehungen, die Instabilität des Selbstbildes, extreme Stimmungsschwankungen und Impulsivität charakterisiert. Die Diagnose wird aufgrund der klinischen Kriterien gestellt. Sie werden unangemessen und sehr wütend oder haben Probleme ihre Wut zu kontrollieren.

Karin führte Gespräche über Gespräche mit ihm und er entschuldigte sich immer wieder für sein Verhalten, aber ein paar Tage später ging es wieder von vorne los. Als die verbalen Attacken immer schlimmer wurden und auch Andeutungen von körperlicher Gewalt hinzukamen, trennte sich Karin von ihm, was eine riesengroße Katastrophe an unterdrückter Wut bei ihm auslöste und sie musste zeitweise zu einer Freundin ziehen, um ihm zu entkommen.

Sie googelte damals auch „Borderline und Partnerschaft" und sah sich zu 100% darin bestätigt, dass er an einer solchen Persönlichkeitsstörung erkrankt ist. Das half zwar im Moment nicht weiter, aber im Verstehen um ihr eigenes Verhalten. Borderliner haben mehrere Seiten und eine davon ist eine sehr einnehmende Hälfte. Sie verstehen es zu verzaubern und die andere Person kann leicht ihrem vermeintlichen Charme erliegen. Dieses Wissen beruhigte Karin, die enorm an sich zweifelte, dass sie nicht schon viel früher bemerkt hatte, was eigentlich los ist.

Sie war von all dem Missbrauch so erschöpft und ausgelaugt - körperlich und psychisch, dass sie ein Jahr lang nicht mehr datete. Heute ist sie um ein Vielfaches vorsichtiger, wenn sich neue Beziehungen anbahnen und lässt vor allem eine so überzogen schnelle Nähe nicht mehr zu.

**Ellen K. aus Frankfurt traf einen Mann, der eigentlich nur Freundschaft plus suchte:**

Einer der ersten Dating-Partner nach ihrer Scheidung war ein Mann, der etwas eine Stunde entfernt wohnte und Interesse an Ellen zeigte. Sie war geschmeichelt und traf sich mit ihm, was auch ein kleiner Erfolg war. Sie verabredeten sich am nächsten Tag zum gemeinsamen Kochen und er sagte ihr, dass er niemals beim ersten oder zweiten Treffen Sex haben würde, was Ellen sehr imponierte. Das dritte Treffen fand zeitnah statt und die beiden wurden intim, was beiden Freude bereitete.

Danach aber meldete sich der Mann nicht mehr regelmäßig und Ellen, die heute sagt, dass sie damals sehr naiv gewesen sei, verstand die Welt nichtmehr. Sie bat ihn, dass man sich doch auch regelmäßig austauschen könne und spürte schnell, dass er damit überfordert war. Es fand sich dann nur noch einmal eine Möglichkeit zum Treffen, ansonsten „hatte er selten Zeit".…

Sie beendete das Ganze dann recht schnell, da sie einfach merkte, dass sie unterschiedliche Ansichten von Beziehung hatten und konfrontierte ihn auch damit, dass er doch offensichtlich nur Freundschaft Plus suche.…

Sie haben heute gar keinen Kontakt mehr und Ellen fragte sich, wie sie das nicht gleich durschauen konnte…


**Auch Beate traf einen Freundschaft Plus Mann:**

Beate hatte einige Dates hinter sich – alle unbefriedigend und enttäuschend. Dann wurde sie von einem tollen Mann angeschrieben und sie trafen sich. Sie war total begeistert von ihm – verkörperte er doch endlich das, was sie sich von einem Mann wünschte und ließ sich schnell auf ihn ein. Schon beim ersten Treffen hatten sie Sex und begeistert erzählte sie ihren Freundinnen von ihrem „Hauptgewinn"! Er schrieb ihr morgens und abends und meistens mittags nochmal und auch wenn sie sich mehr wünschte, war das ok für sie, da seine familiäre Situation mit kranken pflegebedürftigen Eltern ja recht schwierig war.

Als sie aber merkte, dass er immer nur kurz zu ihr kam und nach dem Sex sofort wieder aufbrach und auch am Wochenende nie Zeit für sie hatte, wurde sie doch hellhörig. Als er dann noch erwähnte, dass er keine Sprachnachrichten abhören könne, spürte sie, dass etwas nicht stimmen kann…. Alles, was ihr anfangs unerklärlich und fremd war, fügte sich peu à peu zu einem Puzzle zusammen und trotz vieler Gespräche, in der auch das Thema Freundschaft Plus (er behauptete, er suche auch eine feste Beziehung) angesprochen wurde, änderte sich nichts an seinem Verhalten und schweren Herzens, obwohl sie sich hätte deutlich mehr mit ihm hätte vorstellen können, trennte sie sich von ihm und sagte ihm auch, dass seine Ansicht von Partnerschaft ja nun wirklich nicht mit ihr übereinstimmen würde…. Er bejahte das und gab zu, dass er tatsächlich nur nach Freundschaft Plus suchen würde. Schade, fand Ellen, denn das ist ja schon fast Betrug, wenn man vorgegaukelt bekommt, jemand wäre an einer festen Beziehung interessiert, um diese Person zu „kriegen", anstatt Ehrlichkeit walten zu lassen!

**Erika traf einen Mann, der meinte, hier sei eine Casting-Show**

**Wenden wir uns erst einmal dem Begriff Casting-Show zu: Sie ist eine Fernsehshow, bei der es (in einer Art Wettbewerb) um das Besetzen einer Stelle, einer Rolle o. Ä. geht.**

Erika verabredete sich mit einem Mann, der gleich zu Beginn sagte: „Also, wir sind hier ja auf einer Art Casting-Show" und dann sehen wir mal, wie Du abschneidest!".

OK, fragte sie sich: Was darf ich hier vorführen? ☺

Erika wusste nicht, ob sie lachen oder weinen sollte und blickte in das Gesicht des Mannes, der es tatsächlich sehr ernst meinte.

Sie fragte dann, ob es auch eine Art Schiedsgericht oder wie beim Eiskunst-Tanz eine Art Tafel mit einer Punktzahl gäbe?

Diesen Witz verstand er wohl nicht! ☺

Sie fragte dann, ob er ihr eine Punktzahl in den unterschiedlichen „Disziplinen" geben würde und was diese denn wären!

Er wiederholte, dass er sie sich anschauen würde und das Gesamtergebnis dann entscheiden würde, ob er sie nochmal sehen wolle.

Erika tanzte vor ihm herum und verabschiedete sich mit voller Punktzahl auf „Nimmer-Wiedersehen"! ☺


### Elke aus Berlin traf einen notorischen „Besserwisser"

Elke erzählt, wie sie einen Besserwisser traf und leider viel zu lange an ihm festhielt.

Schon beim ersten Date erzählte er ihr, was er alles besäße – nicht die großen Dinge wie Haus, Auto, Schiff ☺, aber andere wichtige Dinge, wie einen besonderen Kaffeeautomat, der den besten Kaffee überhaupt mache und „so einen Kaffee hätte sie ja noch nie getrunken" (später stellte sich beim Probieren heraus, dass sie Magenschmerzen von diese ach so besonderen Kaffee bekam!) ☺

Er betonte, was er für eine tolle Küchenausstattung habe, alles nur vom Feinsten und natürlich das Aller-aller-BESTE!

Besonders stieß ihr auf, dass er immer wieder Sätze benutzte, wie: „Das hast Du noch nie erlebt!"; „So etwas Gutes hast Du noch nie gesehen!"; „So etwas Besonderes kennst Du ja nicht!". Das hörte sie sich ein paar Mal an und zuerst quittierte sie dies alles mit einem Schmunzeln. Aber als diese Angeberei nicht aufhörte und sogar bei Treffen mit Freunden und Familie so weiterging, verging ihr das Schmunzeln. Schnell war er als Angeber und Aufschneider unbeliebt und auch sie selbst fragte sich, was das solle. Vor allem entdeckte sie beim längeren Zusammensein, dass dies tatsächlich oft nur Angebereien waren oder er etwas als „besonders" empfand, was für sie einfach normal war. So brachte er ihr einen besonders langen Schuhlöffel mit, der ja total super sei. Als sie ihn dann neben ihren eigenen ebenfalls langen Schuhlöffel hing, fiel ihm im wahrsten Sinn des Wortes die Klappe hinunter! ☺

Ebenfalls wollte er ihr einen kleinen Abfalleimer fürs Gäste-WC andrehen, der ja einen ganz tollen Soft-Verschluss habe. Sie meinte dann nur, dass sie natüüüürlich ebenfalls so einen Abfalleimer hätte und dies ja nun wirklich nicht die „Sprache wert sei"!

Auch, als er ihr immer wieder Sachverhalte erklärte und sie nur mit „Ja, das weiß ich" antwortete, nervte das irgendwann. Er meinte, er sei so schlau, dass er ihr einfach alleserklären müsse. Als sie ihn fragte, ob er sie für dumm hielte oder warum er ihr alles erklären würde, antwortete er, dass er es nicht gewohnt sei, dass eine Frau so viel wisse.

OK, dachte Elke, dann passt das ja nun so gar nicht und sie hatte es definitiv satt, immer wieder belehrt zu werden oder sich mit seiner Angeberei konfrontiert zu sehen und trennte sich von ihm. Im Nachhinein haben Familie und Freunde aufgeatmet, da sie mit diesem Mann alle auch so gar nichts anzufangen wussten. Es hat einfach nicht gepasst!

Spannend ist immer und immer wieder, wie unterschiedlich Menschen sein können und wie sehr sich das auf verschiedenen Ebenen mit der Zeit zeigt und man dann abwägen muss, ob allesandere drumherum stimmig ist oder ob es auch da Dinge gibt, die nicht passen. Eine Entscheidung ist dann aber auf jeden Fall hilfreich und das tat Elke ja dann auch, indem sie sich trennte.

### Elsbeth aus Füssen traf einen vermeintlichen Hundeliebhaber

Elsbeth hat einen wunderhübschen Labrador und gibt das auch immer in ihren Dating-Profilen an. Denn ihr Motto ist: „Mich gibt es nur MIT Hund!"

Auch eines der vielen eingestellten Fotos zeigt sie mit ihrem Hund. Sie wurde von einem Mann angeschrieben, der erzählte, dass er selbst immer Hunde gehabt hätte und diese sehr mögen würde. Es kam nach einigen Telefonaten zu einem persönlichen Kennenlernen und er sagte ihr, sie solle unbedingt ihren Hund mitbringen. Gesagt getan!

Sie war etwas früher am verabredeten Standort und wartete dort auf ihren Dating-Partner. Er war ihr gleich sympathisch, als sie ihn aus der Ferne sah und sie freute sich. Als er dann bei ihr ankam, war die erste Frage (ohne ein Hallo zur Begrüßung): „Der macht doch nichts, oder?" Sie verneinte dies und wunderte sich etwas, denn er hielt großen Abstand und hatte ganz offensichtlich Angst vor dem Hund.

Ihre Fellnase wollte den Mann vorsichtig beschnuppern und dieser machte einen Satz nach hinten und stolperte über den Bordstein und fiel beinahe in.

Beim Nachfragen stellte sich dann heraus, dass der Mann nie einen Hund besaß und auch Angst vor Hunden hatte, sich aber bei ihr beliebt machen wollte.

Elsbeth beendete direkt das Treffen. Sie sagte ihm, dass sie kein Problem damit hätte, wenn jemand Angst vor Hunden hätte, aber solche eine Reaktion und vor allem der Start mit einer Unwahrheit sei nun so gar nicht ihr Ding.

Natürlich war sie etwas enttäuscht, da ihr der „Typ Mann" prinzipiell gefallen hätte, aber seine große Angst und die Art und Weise wie sich das alles entwickelte, war dann doch nicht das, was sie suchte.

Anmerkung: Ich habe ja auch einen Hund und sage auch immer, dass niemand einen Hund mögen muss, aber mich gibt es nun mal auch nur MIT Hund und ein bisschen muss es dann schon passen. Allerdings hatte ich diesbezüglich bis jetzt auch immer Glück, aber man sieht einfach an dem Erlebnis von Elsbeth, wie sich manche Menschen verbiegen, um gut dazustehen.

### Ingrid aus Münster

Sie traf einen Mann, der sie verzauberte und aus einer netten Freundschaft wurde bald mehr.

Sie führten zwei Jahre lang eine innige Beziehung, bis er ihr einen Heiratsantrag machte, den sie freudig annahm. Ihre ganze Familie war

mittlerweile schon involviert und der Mann war sehr herzlich aufgenommen worden und sie wollten dann auch zusammenziehen.

Eines Tages trafen sie sich vormittags und verbrachten ein paar
wundervolle Stunden miteinander.

Nachmittags bekam Ingrid eine Textnachricht von ihm, in der er
ihr mitteilte, dass er sie sprechen wolle. Sie wunderte sich schon, aber
freute sich auf ihn. Aber kaum sahen sie sich, beendete er die Beziehung dann direkt, weil er „all das nicht könnte"! Sie weiß bis heute
nicht, was los war und brauchte sehr lange, um das zu verarbeiten -
zum Teil auch mit professioneller Hilfe.

Ich schreibe das hier wertfrei und doch weiß ich, wie sehr sie gelitten hat. Er auf seine Weise vermutlich ebenso.

Auch solch traurigen Geschichten gibt es.

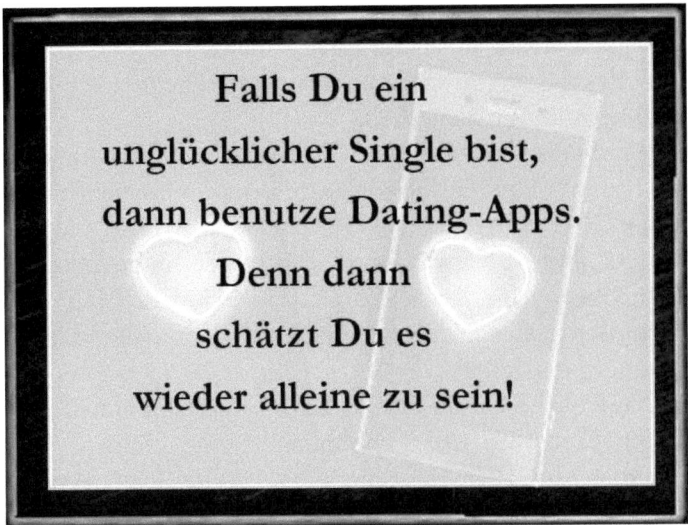

# ZUSAMMENFASSUNG

Wichtig: Sicherheit geht vor! Gerade bei Online-Dates ist Vorsicht geboten. Informiere eine vertraute Person über Dein Treffen und wähle einen öffentlichen Ort. Plane Deine An- und Abreise selbst, um unabhängig zu bleiben.

**Beim Dating geht es darum, eine Verbindung zu einem anderen Menschen aufzubauen. Dabei spielen gegenseitiger Respekt, Authentizität und Kommunikation eine zentrale Rolle.**

**Wichtige Aspekte, die Du beachten solltest:**
Sei immer Du selbst und verstelle Dich nicht, um jemandem zu gefallen. Denn Ehrlichkeit und Authentizität sind die Grundlagen für eine vertrauensvolle Beziehung.

Zeige echtes Interesse und höre aufmerksam zu und stelle Fragen. (Das erwarten wir umgekehrt ja ebenso).

Menschen fühlen sich wertgeschätzt, wenn sie merken, dass ihr Gegenüber sich für sie interessiert. Studien zeigen, dass aktives Zuhören die Wahrscheinlichkeit auf ein weiteres Treffen erhöht.

Für das erste Date empfiehlt es sich, einen öffentlichen Ort wie ein Café oder Restaurant zu wählen. Dies sorgt für eine entspannte Atmosphäre und erhöht die Sicherheit.

Das Handy darf gerne in der Tasche bleiben, denn ständige Blicke aufs Smartphone können Desinteresse oder Unkonzentriertheit signalisieren. Deshalb ist es gut, wenn Du Dich auf Dein Gegenüber voll konzentrierst. Nur so kannst Du eine echte Verbindung aufzubauen.

Pünktlichkeit zeigt Respekt und Zuverlässigkeit. Ein verspäteter Start kann den ersten Eindruck negativ beeinflussen oder schon ein Aus-Kriterium darstellen.

Achte auf Deine Intuition und höre unbedingt auf Dein Bauchgefühl. Wenn Dir etwas unangenehm erscheint, nimm deine Empfindungen ernst und ziehe Konsequenzen. (Das kann auch bedeuten, dass man das Treffen abbricht).

Wenn es um das Bezahlen geht, ist es sinnvoll, dies im Vorfeld zu klären, damit man Missverständnissen aus dem Weg gehen kann. Ein ehrliches Gespräch kann peinliche Situationen verhindern.

Melde Dich ruhig nach dem Date, wenn es Dir gefallen hat. So zeigt man Interesse. Das bedeutet nicht, dass man den anderen zuquatschen sollte, aber ein: „Es war so schön mit Dir", tut niemandem weh und ist auch nicht zu schmerzhaft, falls es nicht erwidert werden würde. Authentische Kommunikation ist wichtiger als das Einhalten veralteter Regeln.

# Ist Online-Dating sicher?

Online-Dating kann viele Chancen bieten – aber es bringt auch einige Risiken mit sich. Hier sind die wichtigsten Gefahren, die Du kennen solltest:

### Identitätsbetrug (Catfishing)
Manche Menschen geben sich online als jemand anderes aus – mit gefälschten Bildern, falschem Namen oder erfundenem Leben. Das kann emotionale Enttäuschung oder sogar finanziellen Schaden verursachen.

### Romance Scamming (Liebesbetrug)
Hierbei bauen Betrüger gezielt Vertrauen auf, um später Geld zu erbitten – beispielsweise für angebliche Notlagen, Flüge oder medizinische Notfälle. Solche Scams sind oft sehr raffiniert.

### Falsche Absichten
Nicht jeder sucht eine ernsthafte Beziehung. Manche nutzen Online-Dating für One-Night-Stands oder zum Ego-Push, ohne ehrlich zu kommunizieren. Das kann zu Frust und emotionalem Stress führen.

### Datenmissbrauch und mangelnde Privatsphäre
Persönliche Informationen oder Fotos können gespeichert, weitergegeben oder missbraucht werden – zum Beispiel für Erpressung oder Fake-Profile.

### Gefährliche Treffen im echten Leben

Ein erstes Treffen mit einer fremden Person kann riskant sein –
etwa bei Übergriffen, Stalking oder Drogen im Drink. Deshalb sind
sichere Treffpunkte (öffentlich, tagsüber) extrem wichtig.

### Sucht und Selbstwertprobleme

Das ständige Swipen, Vergleichen und Warten auf Matches kann
süchtig machen und den Selbstwert negativ beeinflussen – besonders
bei häufigem Ghosting oder Ablehnung.

### Täuschung über Lebensumstände

Viele lügen über Beruf, Alter, Familienstand oder Absichten. Das
erschwert echtes Kennenlernen und sorgt oft für Enttäuschungen.

# Wie erkenne ich beim Online-Dating ein Fake-Profil?

**Fake-Profile sind beim Online-Dating leider weit verbreitet.
Hier sind einige klare Anzeichen, woran Du ein solches Profil
erkennen kannst:**

Zu perfekte Fotos: Wenn jemand aussieht wie ein Model aus einer
Werbekampagne, lohnt sich eine Google-Bilder-Rückwärtssuche. Viele
Scammer nutzen gestohlene Bilder. Mit etwas Übung erkennt man das
schnell.

Wenig persönliche Infos im Profil: Ein Profil ohne Hobbys, Interessen, Standort oder andere Details wirkt verdächtig – vor allem,
wenn die Person trotzdem sehr interessiert wirkt. Oft lohnt es sich
dann auch, diesen Kontakt im Auge zu behalten und immer mal zu
überprüfen. Denn Fake-Profile wechseln oft ihre „Heimatstadt" – je
nachdem, wen sie gerade beeindrucken wollen.

Schnelles, übertriebenes Interesse: Wenn jemand schon nach wenigen Nachrichten „Ich liebe Dich" schreibt oder von Schicksal spricht,
ist Vorsicht geboten. Fake-Profile überstürzen oft die emotionale Bindung.

Ausweichendes Verhalten bei Fragen: Fake-Profile vermeiden klare Antworten. Sie weichen persönlichen Fragen aus oder geben unlogische Antworten.

Wenn der Dating-Partner nicht telefonieren oder per Video chatten will, oder wenn ein Treffen immer wieder absagt wird, kann dies ein deutliches Warnsignal sein.

Komische Grammatik oder Wortwahl: Viele Fake-Profile nutzen automatisch übersetzte Texte oder wirken sprachlich künstlich – besonders, wenn es nicht zur Region oder zum Alter passt.

Forderung nach Geld oder Geschenken: Sobald Geld ins Spiel kommt – egal ob angebliche Notfälle, Investitionen oder „nur eine kleine Hilfe" – solltest Du den Kontakt sofort abbrechen.

Vorsicht ist geboten, wenn der Standort oder Beruf merkwürdig erscheinen. Typisch für Scammer ist, dass sie vorgeben im Ausland zu sein (Soldat, Ingenieur auf Ölplattform, Model, Pilot und so weiter), um Treffen zu vermeiden und Fernsehnsucht zu schüren.

**➔ Tipp:**
**Wenn Du unsicher bist, kannst Du ein Foto rückwärts suchen (zum Beispiel mit Google Bildersuche oder TinEye) oder den Namen in Kombination mit „Scam" googeln.**

# Kann man Online-Dating empfehlen?

Hier gibt es sicher keine Pauschal-Angabe, aber ich habe ein paar Punkte für Dich zusammengetragen:

Wenn man es bewusst und achtsam nutzt, kann es Vorteile bringen, aber es birgt auch Risiken.

Vorteile von Online-Dating

• Große Auswahl: Du triffst Menschen, denen du im Alltag nie begegnet wärst.

• Gezieltes Suchen: Du kannst nach bestimmten Interessen, Werten oder Lebenszielen filtern.

- Niedrige Einstiegshürde: Für Schüchterne ist das Schreiben oft leichter als direktes Ansprechen.
- Zeit- und ortsunabhängig: Du lernst Menschen kennen, wann und wo du willst.
- Schnelle Vibes-Checks: Du kannst relativ früh merken, ob jemand zu dir passt – zumindest oberflächlich.

**Aber: Es kommt immer auf die Haltung an!**

- Online-Dating funktioniert dann, wenn Du realistische Erwartungen hast, ehrlich kommunizierst und bereit bist, Zeit zu investieren.
- Es funktioniert schlecht, wenn Du Dich unter Druck setzt, sofort jemanden zu finden – oder wenn Du Dich auf jede Nachricht emotional einlässt.

Empfehlung: Mit Herz UND Verstand!
- Bleib achtsam. Schütze Deine Daten, verlass Dich auf dein Bauchgefühl.
- Bleib offen. Nicht jeder Match ist die große Liebe – aber vielleicht ein interessanter Mensch.
- Bleib ehrlich. Authentizität wirkt langfristig mehr als jedes bearbeitete Foto.

**Fazit:** Online-Dating ist kein Zaubertrick – aber ein moderner Weg, echten Menschen zu begegnen. Und ja: Viele glückliche Beziehungen (und Ehen) haben genau dort begonnen. Und ebenfalls: viel Schlimmes und Erniedrigendes wird erlebt.

Im Endeffekt muss jeder für sich selbst herausfinden, ob es gerade der richtige Weg ist oder nicht!

# Motivationssprüche

Mache Dein Leben nicht noch schwerer, indem Du an jemanden festhältst, der dich nicht lieben kann. Lass los und rücke DICH selbst wieder als **Priorität und Nr. 1 in Deinem Leben.**

Sag nicht Ja, wenn du ein Nein *fühlst*!

Wir trennen uns nicht von den Menschen, die wir lieben, sondern von jenen, die uns benutzen. Selbstfürsorge heißt deshalb auch, sich ganz bewusst dafür zu entscheiden, keine Aufmerksamkeit mehr von jemand anderem zu suchen, der emotional einfach nicht bereit dazu ist. Das ist sinnlos und Zeitverschwendung.

Oft verbringt man viel zu viel Zeit damit, den emotional *nicht verfügbaren* Partner zu analysieren und nicht genug Zeit damit, sich von ihm zu lösen...

Sieh das Ende nicht als Verlust, wenn Du es verarbeitet hast, sondern als Chance für einen Neuanfang!

### Stärkung emotionaler Bindung
- Kommunikation – miteinander reden und gut zuhören
- Aufrichtiges Interesse zeigen
- Zärtlichkeit und emotionale Nähe halten
- Gemeinsam wertvolle Zeit verbringen (Pärchen-Time)
- Loben – Positives erwähnen und liebevolle Komplimente machen

In Paarbeziehungen knüpfen wir unbewusst sehr oft an Kindheits-verletzungen an, weil wir auch hier hoffen, vollständig geliebt, aufge-fangen und akzeptiert zu werden, sowie sich aufgehoben zu fühlen. Das ist oft das, was wir mit Liebe in der Kindheit verbinden, in der es darum geht, ein Gefühl der Zusammengehörigkeit (Familienbund) zu erfahren. Für Partnerschaften kann dies kompliziert werden, da es sich hierbei ja um eine völlig andere Form der Liebe handelt: eine Liebe auf Augenhöhe, in der beide Partner auch autark sind und nicht vonei-nander abhängen... Wir dürfen uns bewusst machen, dass wir heute selbständige nicht abhängige Personen sind.

Ich hoffe, ich konnte Dir mit diesem Buch, in dem ich alle mögli-chen Aspekte rund um das Dating herum angesprochen habe, etwas helfen.

Toll wäre schon, wenn Du Dich durch das Buch nicht mehr so al-leine im Dating-Dschungel fühlst, weil Du feststellen konntest, dass es nicht DIR alleine so geht, sondern dass Tausende das gleiche Dschun-gel-Problem haben.

Und vielleicht konnte ich Dir auch die Angst nehmen, dass mit „Dir etwas nicht stimmt"!

Du kannst dieses Buch auch als Ratgeber betrachten und die Übungen, beziehungsweise die Anregungen und Tipps immer wieder durchlesen und praktizieren!

Während ich dieses Buch schrieb, habe ich mich tatsächlich von allen Dating-Portalen abgemeldet und die Apps gelöscht!

Durch das Schreiben und Recherchieren wurde mir einfach klar, dass ich dort sicher nicht mein Glück finden werde und dass mir die Anstrengung in diesem Dschungel einfach zu hoch ist. Mir ist es auch nicht wert, dass ich immer wieder unmögliche Erlebnisse habe, die zwar dieses Buch schmücken, aber für die ich in meinem Leben keinen Raum mehr geben möchte. Ich habe fertig – sozusagen! ☺

Dieses unüberschaubare Dickicht und die Undurchdringlichkeit, die Unüberschaubarkeit – das möchte ich nicht mehr!

Ich möchte Leichtigkeit in meinem Leben haben – und ganz ehrlich: sie ging mir durch dieses Online-Daten verloren. Ich habe sie nun, da ich erst ein Dating-Fasten eingelegt habe, und mich dann zum Verlassen des Dating-Dschungels entschieden habe, wiedergefunden.

Eine gewisse Anspannung ist weg und ich kann mich wieder mehr auf MICH konzentrieren. Auf mich, meine Familie und Freunde, auf mein schön gestaltetes Zuhause…! ☺ Und diese Leichtigkeit brachte mir auch wieder etwas Energie zurück! Ich habe meinen Flur gestrichen und verändert und erlebe eine neue Gelassenheit an mir. Ich schlafe wieder besser und bin zufriedener mit meinem Leben als Single!

Es hat mich zu viel gekostet durch diesen Dating-Dschungel zu gehen. Zu viel Kraft und zu viele Emotionen, die mich doch immer mal wieder verunsichert haben. **Ich bin ich und das möchte ich auch bleiben.**

Natürlich ist das nun nicht „in Stein gemeißelt", denn es kann ja sein, dass ich mich irgendwann doch wieder in diesen Dschungel begebe – aber eins weiß ich sicher: wenn, dann werde ich es anders und deutlich entspannter angehen. Im Moment allerdings scheint mir das in sehr weiter Ferne und vielleicht werde ich ja in der Zwischenzeit auch im realen Leben „gefunden", oder kann mich im Laufe der Zeit einfach besser auf mein Single-Leben einlassen. Denn auch dies hat Vorteile, die nicht zu verachten sind! ☺

Ich wünsche DIR von Herzen eine gute Entscheidungsfindung, einen kostbaren Weg, der schon das Ziel beinhaltet: nämlich mit Dir selbst gut auszukommen und Dich selbst anzunehmen! ☺

# BONUS 2: CHECK-Liste und mehr

## Wie erkennt man, dass es ein anderer ernst meint?

Online-Dating hat vieles einfacher gemacht – das Kennenlernen, das Ansprechen, das Finden von Menschen mit ähnlichen Interessen.

Aber nun kommt das große ABER: denn eine Frage bleibt in dieser digitalen Welt oft unbeantwortet, obwohl sie so zentral ist:

Meint es der oder die andere wirklich ernst – oder bin ich nur Teil eines endlosen Spiels?

Diese Unsicherheit kennt leider fast jeder, der sich auf Dating-Apps oder anderen Plattformen bewegt.

Womöglich sind die Chats nett oder gar interessant, die Emojis fliegen hin und her, man lacht über dieselben Dinge – und doch bleibt dieses vage Gefühl: Ist das echt? Oder nur ein Zeitvertreib?

## Deshalb ein paar Impulse:

### Ernsthaftigkeit zeigt sich in Taten, nicht in Worten

Wer es ernst meint, lässt das nicht nur durch einnehmende Worte oder Flirt-Nachrichten erkennen. Ernsthaftigkeit zeigt sich vor allem im Verhalten – und zwar konkret, zuverlässig und nachvollziehbar.

Menschen, die es ernst meinen, melden sich kontinuierlich – nicht progressiv, aber beständig. Sie machen klare Vorschläge, wann und wie man telefonieren oder sich treffen könnte und finden auch bei einem vollem Kalender Zeit und reden sich nicht „irgendwie" heraus!

Sie zeigen echtes Interesse an Dir als Mensch – nicht nur an Deinem Profilbild.

Dehnbare Formulierungen wie „Lass uns mal was machen" oder ewiges Hinhalten („gerade viel los, aber bald...") sind oft ein Hinweis darauf, dass er Dich vielleicht nett findet, Du aber keine Priorität für ihn bist.

Deshalb gilt es darauf zu achten: Schreibt die andere Person von sich aus? Fragt sie nach einem Treffen oder nur, wenn Du es ansprichst? Wer es ernst meint, übernimmt Verantwortung für den Kontakt – nicht nur Reaktion, sondern Aktion!!!

Deshalb ist es so wichtig, ein echtes Interesse zu spüren und zwar nicht nur am Anfang, sondern in gleichmäßiger Aufmerksamkeit über die ganze Zeit hinweg. Falls nach einem ersten Date dann beispielsweise Funkstille herrscht, war das Interesse wohl nur momentbezogen.

### Emotionale Präsenz statt digitalem Schatten

Jemand, der es ernst meint, versteckt sich nicht hinter seinem Bildschirm! Im Gegenteil: eine ernsthaft interessierte Person öffnet sich ehrlich und authentisch, wenn auch nicht übertrieben. Sie erzählt von ihrem Leben, stellt Fragen und hört auch zu. Nicht nur, um Zeit zu vertreiben, sondern um eine Verbindung zu schaffen und aus echtem Interesse!

Dies zeigt sich durch tiefergehende Gespräche über Werte, Erfahrungen, Vorstellungen, Gemeinsamkeiten, Wünsche und so weiter. Solche Menschen haben auch mal den Mut, sich verletzlich zu zeigen und haben echtes Interesse an Deinem Alltag, Deiner „Welt", Deinen Gedanken und Deinen Gefühlen!

Wenn die Kommunikation oberflächlich bleibt – trotz Wochen des Schreibens – könnte das ein Zeichen dafür sein, dass keine echte Beziehung gesucht wird oder es nicht passt.

### Keine Spielchen – sondern Klarheit

Für mich ein sehr wichtiges Erkennungszeichen ist, dass Personen, die es ernst meinen, keine Spielchen spielen!!!

Sie schreiben nicht „absichtlich später zurück", um interessanter zu wirken. Sie machen sich nicht rar, nur um sich „wertvoller" zu präsentieren. Sie meinen, was sie sagen, und sagen, was sie meinen.

Klarheit kann manchmal unangenehm sein („Ich bin noch nicht bereit für etwas Festes"), aber sie ist respektvoller und ehrlicher als jede schöne Illusion!!!

## Der sogenannte Realitäts-Check

Schließlich hilft oft ein einfacher Test: Passt das Verhalten zu den Worten?

Ein Mensch kann sagen, er sei „total interessiert" – wenn aber wochenlang kein echtes Treffen zustande kommt, ist diese Aussage wenig wert.

Deshalb kann es sehr wichtig sein, nicht nur auf sein Gefühl zu hören, sondern auch auf das, was sichtbar ist: Zuneigung ist nicht nur romantisch – sie ist auch handfest und spürbar!!!

Fazit:

Ernsthaftigkeit fühlt sich ruhig an, denn wer es ernst meint, bringt Klarheit mit und nicht etwa Chaos und Unruhe.

Außerdem spürst Du im Laufe der Zeit eine gewisse Sicherheit und keine ständige Unsicherheit.

Die Verlässlichkeit ist wichtig und sollte keine (emotionale) Verwirrung auslösen. Es geht auch nicht darum, ständige Romantik zu versprühen oder die perfekte Kommunikation zu führen, sondern es geht um das authentische Gefühl: Ich werde gesehen. Ich werde gehört. Ich werde ernst genommen.

Und das ist definitiv deutlich mehr wert, als ein „hübsches" Profilbild oder um ausgeklügelte witzig sprühende Chats! DENN: Oberflächlichkeit ist keine Grundlage für eine gute und wertschätzende Beziehung!!!

# Checkliste:

✓ Meint es der oder die andere wirklich ernst? Beobachte das Verhalten – nicht nur die Worte!

✓ Kontaktiert die Person dich von sich aus? Oder musst du immer den ersten Schritt machen?

✓ Werden konkrete Treffen vorgeschlagen? Oder bleibt alles im „Irgendwann"-Modus?

✓ Bleibt der Kontakt über längere Zeit bestehen? Oder ist er voller Hochs und Tiefs, plötzliches Schweigen inklusive?

✓ Fragt die Person wirklich nach DIR? Interessen, Alltag, Gedanken, Gefühle?

✓ Gibt es Anzeichen von Verbindlichkeit? Hält die Person Versprechen, sagt zuverlässig zu oder ab?

✓ Antwortet die Person ehrlich auf direkte Fragen (z. B. nach ihren Absichten)? Oder weicht sie aus oder bleibt unklar?

✓ Fühlt sich der Kontakt sicher und respektvoll an? Oder eher wie ein Spiel oder eine emotionale Achterbahn?

✓ Hast du das Gefühl, du wirst ernst genommen – als Mensch, nicht nur als Profil? Oder bleibst du dir selbst fremd in diesem Kontakt?

→ Je mehr Häkchen Du setzen kannst, desto wahrscheinlicher ist es, dass echtes Interesse dahintersteckt. Wenn Du aber mehr Ausrufezeichen als Häkchen findest, ist es vielleicht ratsam, nochmal neu zu wählen.

Ein wichtige Tipp ist Folgender:

Vermeide „Selbstbetrug"!

Denn der andere zeigt dir meistens, wer er ist – du musst es nur sehen wollen. Rede nicht schön, was nicht funktioniert. Jemand, der ernsthaft interessiert ist, lässt dich das spüren und zwar direkt, klar, ehrlich und regelmäßig.

**Und noch ein kleiner Motivator:**

*„Du hast vermutlich keine Angst vor einer neuen Liebe, sondern Du hast eher die Angst vor altem Schmerz"*

**Und hier bei all der Tragik noch etwas zum Schmunzeln:**

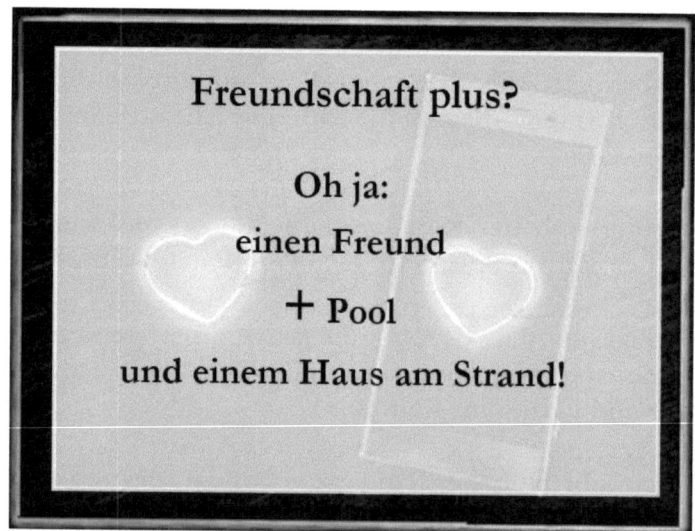

Freundschaft plus?

Oh ja:
einen Freund
+ Pool
und einem Haus am Strand!

## Meine Beratungstätigkeit:

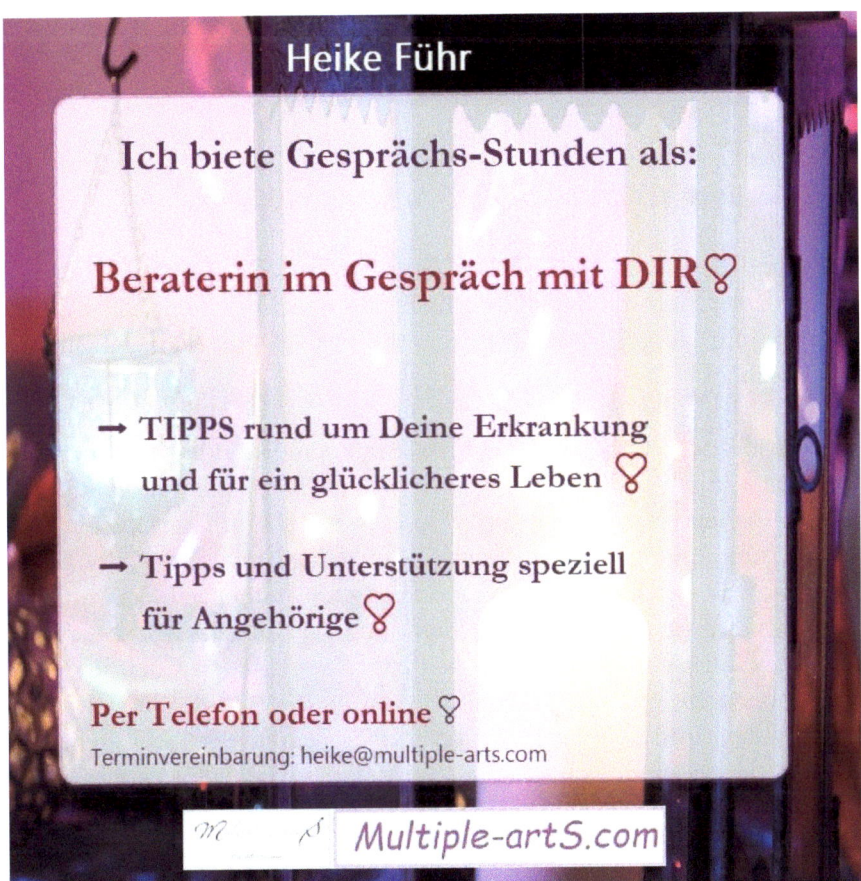

Heike Führ

Ich biete Gesprächs-Stunden als:

Beraterin im Gespräch mit DIR♀

→ TIPPS rund um Deine Erkrankung
und für ein glücklicheres Leben ♀

→ Tipps und Unterstützung speziell
für Angehörige ♀

Per Telefon oder online ♀
Terminvereinbarung: heike@multiple-arts.com

Multiple-artS.com

Danke an all meine wundervollen Leser und Follower für Eure Treue, Eure wertschätzenden Kommentare und Likes!

Und ein besonderes DANKE an all jene, die sich haben interviewen lassen und mit deren Geschichten ich das Buch bereichern durfte! Danke für Eure Offenheit, Euren Mut und das mir entgegengebrachte Vertrauen!

Und noch ein besonderes Danke an meine wunderbaren Freundinnen, die mich immer auffingen, mir den „Kopf zurechtrückten" und mich haben an mich selbst glauben lassen. Die mir mit vielen wichtigen Infos und unglaublich viel Geduld und Empathie zur Seite standen. Die mich nie aufgaben, sondern mich immer liebevoll aufgefangen haben und selbst nach dem unglaublichsten Abenteuer noch Geduld und Verständnis aufbrachten. Das werde ich Euch nie vergessen, denn Ihr habt dafür gesorgt, dass ich mich weder komisch, noch schmutzig und „verquer" fühlte, sondern einfach nur als Mensch, als Frau, die neue unbekannte Wege geht und dabei auch stolpern darf!

Danke an M. fürs Lektorieren!

**Einfach nur DANKE an Euch alle!!!**
Eure Heike